Umschlagmotiv: Neue Kolonnaden in Mariánské Lázně

Herausgeber: Polyglott-Redaktion
Autorin: Sabine Herre
Lektorat: Gabriele Sona Hähnel
Art Direction: Illustration & Graphik Forster GmbH, Hamburg
Karten und Pläne: Sybille Rachfall
Titeldesign-Konzept: V. Barl
Realisation: Studio Wolf Brannasky

Ergänzende Anregungen, für die wir jederzeit dankbar sind,
bitten wir zu richten an:
Polyglott-Verlag, Redaktion, Postfach 40 11 20, D-80711 München.

Alle Angaben wurden sorgfältig geprüft. Dennoch kann eine Gewähr
für Vollständigkeit und Richtigkeit nicht übernommen werden.

Zeichenerklärung

◷	Öffnungszeiten	
✆	Telefonnummer	
🖷	Faxnummer	
Ⓜ	Metro	
🚋	Bergbahn	
⚠	Campingplatz	
⌂	Hotels (pro Person im DZ ohne Frühstück)	
Ⓢ⟩⟩	ab 120 DM	
Ⓢ⟩	60–120 DM	
Ⓢ	unter 60 DM	
Ⓡ	Restaurant (für ein Hauptgericht)	
Ⓢ⟩⟩	ab 10 DM	
Ⓢ⟩	6–10 DM	
Ⓢ	unter 6 DM	

Routenpläne

══①══	Route mit Routenziffer
═══	Autobahn, Schnellstraße
───	sonstige Straßen, Wege
─ ─ ─	Staatsgrenze, Landesgrenze
▬ ▬ ▬	National-, Naturparksgrenze

Stadtpläne

▭	Durchgangsstraße
───	sonstige Straßen
▭	Fußgängerzone
┈┈┈	Fußweg

Erste Auflage 1996

Redaktionsschluß: November 1995
© 1996 by Polyglott-Verlag Dr. Bolte KG, München
Printed in Germany
Gedruckt auf chlorfrei gebleichtem Papier
ISBN 3-493-62752-1

Polyglott-Reiseführer

Tschechische Republik

Sabine Herre

Polyglott-Verlag München

Allgemeines

Städtebeschreibungen

Praha (Prag) – Die goldene Stadt in neuem Glanz   S. 24

Ein Spaziergang auf den Spuren der Geschichte: Vom Altstädter Rathaus durch die Josephstadt zum Hradschin.

Brno (Brünn) – Die Hügelstadt der Kelten   S. 34

Das Paris Mährens? So sehen die Bewohner ihre Stadt, in der Kunst und Handel auf eine lange Tradition zurückblicken.

Routen

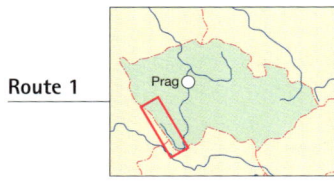

Route 1

Dichte Wälder und dunkle Seen: Im Böhmerwald   S. 39

Landschaft und Folklore: Dudelsack-musik bei den Choden und Wanderungen zu einsamen Gipfeln.

Route 2

Sprudel und Kolonnaden: Die westböhmischen Bäder   S. 50

Karlsbad, Marienbad und Franzensbad – drei Kurorte mit langer Tradition und nostalgischem Flair.

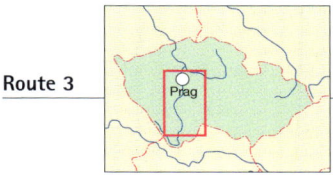
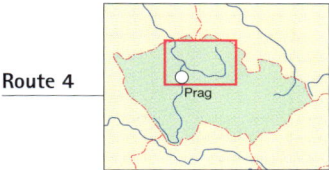
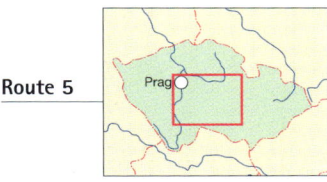

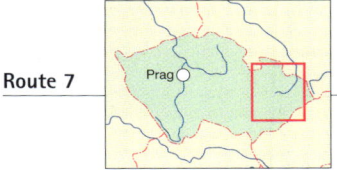
Bildnachweis

Alle Fotos APA Publications/Phil Wood außer Archiv für Kunst und Geschichte, Berlin: 17/1–2, 19/2, 29/1, 45/1, 69/1–2. A. M. Begsteiger: 37/1. Bildarchiv Steffens/Ladislav Janicek: 1, 31/3, 49. Bernd F. Gruschwitz: 33/1. Sabine Herre: 15/2, 21/3, 67/3. TaurusPhoto: 19/1. Mauritius/Mehlig: Umschlag (Bild). Superbild/Bernd Ducke: Umschlag (Flagge).

Fremde Kulturen kennenlernen und gastfreundlichen Menschen begegnen – wie sehr genießen wir das auf Reisen. Zu Hause bei uns jedoch wird mancher Ausländer von einer kleinen Minderheit beschimpft, bedroht und sogar mißhandelt. Alle, die in fremden Ländern Gastrecht genossen haben, tragen hier besondere Verantwortung. Deshalb: Lassen Sie es nicht zu, daß Ausländer diffamiert und angegriffen werden. Lassen Sie uns gemeinsam für die Würde des Menschen einstehen.

Verlagsleitung und Mitarbeiter des Polyglott-Verlages

Editorial

Sie war unser unbekannter Nachbar. Obwohl die Tschechoslowakische Sozialistische Republik eine gemeinsame und mehr als tausend Kilometer lange Grenze mit Deutschland und Österreich hatte, wußten die meisten nur wenig über dieses Land. Der Eiserne Vorhang war zwar nicht undurchlässig, doch häufig wurde er nur für einen kurzen Ausflug nach Prag geöffnet. Der Rest, das blieben böhmische Dörfer.

All dies hat sich nun geändert. Unzählige neue Grenzübergänge verbinden die beiden Staaten, Zehntausende Besucher kommen jedes Wochenende in die Tschechische Republik. So wissen inzwischen nicht nur die Ostdeutschen, zu deren beliebtesten Reisezielen das Riesengebirge gehörte, daß Böhmen ab und zu „am Meer" liegen kann – in Mělník etwa, an einem Sommerabend auf der Weinterrasse über der Moldau. Und: Wer die Landschaften an Elbe und March erkundet, wird rasch feststellen, daß er – noch einmal Ingeborg Bachmann – hier „zu Hause" ist.

Sicher, auf den ersten Blick wirkt vieles hier fremd. Der reale Sozialismus zerstörte nicht nur die historische Einheit so mancher Stadt, sondern auch die Eigeninitiative ihrer Bürger. Anderes scheint dagegen seltsam vertraut. Die kaiserlichen Grenzfesten auf den steilen Bergen, das Gasthaus „Zum weißen Rössl" auf dem Marktplatz oder die barocke Feierlichkeit eines Sonntagvormittags in einem mährischen Dorf. Die Tschechische Republik ist kein unbekannter Nachbar.

Aber auch die Aufbruchstimmung, das Gründerzeitfieber der Tschechen, die schon immer als die slawischen Preußen galten und die sich auch durch die Teilung ihres Landes nicht beirren ließen, ist wiedererwacht.

Die Autorin

Sabine Herre
Geboren 1962 in Stuttgart, studierte Politikwissenschaften und Osteuropäische Geschichte in Tübingen, Wien und Prag. Drei Jahre lang Korrespondentin in Prag für verschiedene deutsche Tageszeitungen. Heute ist sie Chefin vom Dienst der Berliner Tageszeitung (taz). Diverse Buchpublikationen über die Tschechoslowakei.

Ein Staat in der Mitte Europas

Unweit der westböhmischen Stadt Cheb, dort, wo die Straßen aus Plzeň und Karlovy Vary zusammentreffen, liegt ein verwitterter pyramidenförmiger Felsblock. Jahrzehntelang galt die Stelle als der Mittelpunkt Europas und Böhmen damit als das Herz des Kontinents. Geographisch gesehen ist dies fast richtig, denn der Stein, der die Mitte Europas markiert, befindet sich nur wenige Kilometer jenseits der tschechischen Grenze auf dem oberpfälzischen Tillenberg.

Weniger eindeutig ist jedoch die politische und kulturelle Standortbestimmung des Landes. Die Frage, ob Böhmen enger mit dem Osten oder dem Westen Europas verbunden ist, beherrschte über Jahrhunderte die Diskussion der Intellektuellen. Im 19. Jh. gab es in Prag viele Panslawisten. Tomáš G. Masaryk, der erste Präsident der Tschechoslowakei, bezeichnete den 1918 entstandenen Staat als „Brücke zwischen Ost und West". In den achtziger Jahren wandte sich der tschechische Schriftsteller Milan Kundera gegen eine Politik, die nur in den Begriffen West- und Osteuropa denke und handle: Sein Land gehöre zu Mitteleuropa.

Kunderas Ansicht wurde vor der „Samtenen Revolution" 1989 von vielen Tschechen geteilt. Nach der politischen Wende kam es jedoch auch zu einer geographischen. Die Tschechische Republik strebt nach Westeuropa, will Mitglied in Europäischer Union und NATO werden. An einer Zusammenarbeit mit anderen Staaten Mittelosteuropas, mit Polen oder Ungarn etwa, hat man kaum mehr Interesse.

Lage und Landschaft

Die Gesamtlänge der Grenze, die Tschechien von Deutschland, Polen, der Slowakei und Österreich trennt, beträgt rund 2500 km. Allein 800 km lang ist die deutsch-tschechische Grenze. Deutschland ist somit der wichtigste Nachbarstaat., fast alle Wege zu den Handelspartnern in Westeuropa führen über deutschen Boden. Angesichts dieser strategischen Lage fühlt sich mancher Tscheche von den Deutschen bedroht. Schließlich ist sein Heimatland mit seinen 78 864 km² nur um weniges größer als Bayern.

Als der tschechische Stammvater Čech vor 1500 Jahren beschloß, sich mit seinem Volk am Berg Říp niederzulassen, dürfte für diese Entscheidung nicht nur die Fruchtbarkeit, sondern auch die geschützte Lage des erwählten Landes ausschlaggebend gewesen sein. Im Nordwesten und Norden bildeten das Erzgebirge (Krusne hory) und der Höhenzug der Sudeten (Sudety) eine natürliche Grenze. Auch im Südwesten und Süden schützten waldreiche Berge die Bewohner vor überraschenden Angriffen. Abgeschnitten war man dennoch nicht: Durch die Niederungen des Böhmerwalds (Šumava) führten die Handelswege nach Regensburg und Nürnberg.

Im Landesinneren erhebt sich die Böhmisch-Mährische Höhe (Českomoravská vrchovina). Hier verläuft die Grenze zwischen den zwei Landesteilen, die der Höhenrücken im Namen trägt. Zudem bildet das Bergland die Wasserscheide zwischen den großen Strömen Elbe (Labe) und Donau.

Klima und Reisezeit

Auch vom Wetter her gesehen bildet die Tschechische Republik eine Brücke zwischen Ost und West. Sie liegt in der Übergangszone von mitteleuropäisch-ozeanischem und osteuropäisch-kontinentalem Klima. Das Land ist ein Reiseziel fürs ganze Jahr, denn es gibt warme Sommer und milde Winter. Extreme Lufttemperaturen dagegen sind selten. In Riesengebirge und Böhmerwald kommt es häufig zu Inversionslagen: Die kalte, schwerere Luft sinkt ins Tal, die wärmeren, klareren Schichten lagern darüber – gute Voraussetzungen also für den Gebirgstourismus.

Andererseits sind gerade die Waldgebirge in Nordböhmen von der zunehmenden Verschmutzung der Luft durch die Industrie betroffen. Bei austauscharmen Wetterlagen während der Inversion reichern sich hier die Schadstoffe in Bodennähe an. Viele

Das Ende der Tschechoslowakei – ein Land wird geteilt

„Die Staaten Westeuropas wachsen immer mehr zusammen, wir aber trennen uns. Wer kann das begreifen." Dieser Stoßseufzer war in Prag im Herbst 1992 immer wieder zu hören. Ganz so unbegreiflich, wie viele meinten, war das Ende der Tschechoslowakei jedoch nicht. Schließlich war ihre Gründung 1918 vor allem ein Wunsch der Tschechen gewesen, die Slowaken waren gar nicht erst gefragt, die geforderten Kompetenzen ihnen verweigert worden. Das Land wurde von Prag aus regiert, das war auch unter den Kommunisten nicht anders.

Kein Wunder also, daß es den Slowaken bereits während des „Prager Frühlings" 1968 weniger um die politische Liberalisierung als um eine stärkere Berücksichtigung ihrer nationalen Interessen ging. Und auch 1989 begann bereits wenige Monate nach der Wende die Auseinandersetzung um eine bisher nur auf dem Papier bestehende Föderalisierung des Landes. Die Tschechen allerdings meinten, daß die Klagen der östlichen Nachbarn unberechtigt seien: Das agrarisch geprägte Land habe seine rasche Industrialisierung nur mit Hilfe tschechischer Gelder durchführen können. Die von den Slowaken geforderte Umbenennung des Staates in „Tschecho-Slowakei" lehnten sie ab.

Dennoch hätte es nicht zur Teilung kommen müssen: In Prag gab es durchaus Politiker, die bereit gewesen wären, den slowakischen Forderungen nach stärkerer Selbstbestimmung vor allem in der Wirtschaftspolitik entgegenzukommen. In Bratislava wiederum wußten viele, daß es das wirtschaftlich immer noch hinter Böhmen zurückliegende Land ohne die Prager Hilfe schwer haben würde.

Die Entscheidung brachten schließlich die Parlamentswahlen im Juni 1992. Die beiden Wahlsieger, Václav Klaus auf tschechischer und Vladimír Mečiar auf slowakischer Seite, hatten keine Probleme, sich auf eine Trennung zu einigen. Der eine wußte, daß sein Land ohne das slowakische Anhängsel zum ökonomisch erfolgreichsten im östlichen Mitteleuropa werden würde. Der andere wurde Premierminister eines unabhängigen Staates.

Daß ihre Wähler weiterhin mehrheitlich gegen eine Teilung der Tschechoslowakei waren, interessierte sie wenig. Die geforderte Volksabstimmung fand nicht statt.

Schulklassen aus dem Gebiet um das Braunkohlerevier Most fahren daher zum „Lufturlaub" in den südlichen Böhmerwald.

Natur und Umwelt

Der Naturschutz hat in Tschechien eine lange Tradition. Schon im 14. Jh. verfügte der böhmische König einen Erlaß zur Pflege der Wälder und des Wildbestandes. In den dichten Buchen-, Eichen- und Fichtenwäldern waren neben Hirschen, Rehen und Wildschweinen auch Elche heimisch. Auf den steppenartigen Hochebenen grasten Wisente und Auerochsen. Böhmen wurde so zu einem beliebten Jagdgebiet des europäischen Adels. Um sich ihr kostbares Hobby zu erhalten, machten sich die Jäger schon Mitte des 18. Jhs. Gedanken um die Erhaltung der Braunbären. Viel genutzt hat dies freilich nicht, Bären gibt es heute nur noch in der slowakischen Hohen Tatra.

Die ersten Naturschutzgebiete entstanden dann in der ersten Hälfte des 19. Jhs. Bereits damals zeichneten sich die negativen Auswirkungen der industriellen Revolution auf die Umwelt ab. Böhmen war das industrielle Zentrum des Habsburgerreiches, aber auch aus dem Industriegebiet Halle–Leipzig und sogar von der Ruhr trieben ungünstige Winde Schadstoffe heran. Rund hundert Jahre später entdeckten Wissenschaftler erste Anzeichen des Baumsterbens. In den Jahren der Übernahme des sowjetischen Industriemodells dachte aber niemand an die Bewahrung der Umwelt. 1984 dann konstatierte der Vizepräsident der oberösterreichischen Landwirtschaftskammer nach einem Besuch des Erzgebirges: „Dieser Wald stirbt nicht mehr, er ist schon tot." Über 70 Prozent aller Baumbestände weisen heute Schäden auf. 30 Prozent der Fische und Vögel, 35 Prozent der Säugetiere und etwa die Hälfte der Pflanzenarten sind bedroht.

Engagierte Naturschützer versuchen nun zu retten, was zu retten ist. So gibt es bei Jindřichův Hradec inzwischen wieder einige Elche, die schon als ausgestorben galten, im mährischen Wildpark Pálava wird die Bezoarziege heimisch gemacht.

Eine Hauptaufgabe der Umweltgruppen ist jedoch, die Regierung von der Notwendigkeit umfassender Maßnahmen zu überzeugen. Denn für Premierminister Václav Klaus ist die Ökologie die Sahne auf dem Kuchen der Ökonomie. Mit anderen Worten: Für den Umweltschutz muß das Geld erst verdient werden. Immerhin stehen heute rund zwölf Prozent der Staatsfläche unter Naturschutz. Größtes Landschaftsschutzgebiet ist mit 168 000 ha der Böhmerwald, der Naturschutzpark Riesengebirge erstreckt sich über 38 500 ha.

Bevölkerung und Religion

Als die Tschechoslowakei 1918 entstand, übernahm sie von der untergegangenen Habsburgermonarchie die Probleme eines Vielvölkerstaates. Sechs Millionen Tschechen standen fast drei Millionen Slowaken und gut drei Millionen Deutsche gegenüber. Dazu gab es eine starke ungarische Minderheit sowie kleinere polnische und ukrainische Bevölkerungsgruppen.

In der Tschechischen Republik gibt es dagegen heute kaum mehr nationale oder ethnische Konflikte. Diese wurden im Verlauf des 20. Jhs. auf vielfache Art „gelöst". Über 77 000 Juden Böhmens und Mährens wurden in den nationalsozialistischen Konzentrationslagern umgebracht. Nur noch in Prag gibt es eine größere, etwa 800 Mitglieder zählende jüdische Gemeinde.

Rund drei Millionen Deutschstämmige wurden nach dem Zweiten Weltkrieg aus dem Land vertrieben, derzeit leben nur noch 50 000 in der Tschechischen Republik.

Die einzige größere Minderheit des zehn Millionen Einwohner zählenden Landes sind gegenwärtig die rund

300 000 Roma. Doch das Zusammenleben mit diesen fällt den Tschechen schwer. Die Vorurteile gegen die „Schwarzen" sitzen tief und werden durch eine überdurchschnittlich hohe Kriminalitätsrate der sozial unterprivilegierten Romabevölkerung nicht gerade gemildert.

Zurückhaltung gegenüber allem Fremden – dieses Charaktermerkmal schreibt so mancher Beobachter den Tschechen zu. Diese Distanz hat ihren Grund. Schließlich kam in der jüngeren Vergangenheit von außen selten Gutes. Weder 1938/39 beim Einmarsch der Deutschen Wehrmacht, noch 1968, als die Panzer des Warschauer Pakts den „Prager Frühling" niederwalzten.

Daneben wird den Tschechen aber auch eine besondere soziale Sensibilität zugeschrieben. Schon in der Zwischenkriegszeit wählte ein großer Teil der Bevölkerung linke Parteien. Die Unterschiede zwischen den gesellschaftlichen Klassen waren geringer als in anderen europäischen Staaten, bis heute finden sich Kneipen, in denen vom Arbeiter bis zum Professor ein jeder sein Bier trinkt. Gut möglich, daß die Ursache hierfür in der Zeit der Hussiten zu suchen ist. Der Kirchenreformator Jan Hus hatte außer religiösen auch soziale Veränderungen gefordert.

Die religiösen Traditionen der Hussiten spielen dagegen heute kaum mehr eine Rolle. Knapp die Hälfte der Bevölkerung bezeichnet sich als atheistisch, die größte Kirche ist mit einem Anteil von 39,2 Prozent an der Gesamtbevölkerung die römisch-katholische. Es gibt mehrere andere christliche Glaubensgemeinschaften, die größte von ihnen ist mit nur 700 000 Mitgliedern die Hussitische Kirche.

Wirtschaft

Die Tschechische Republik ist das ökonomische Musterkind Osteuropas. Während Polen, Ungarn und die Slowakei seit 1989 mit Arbeitslosenzahlen

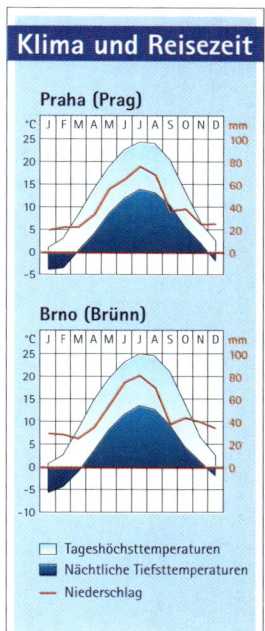

Klima und Reisezeit

Praha (Prag)

Brno (Brünn)

☐ Tageshöchsttemperaturen
■ Nächtliche Tiefsttemperaturen
— Niederschlag

Über das Tschechische

Das Tschechische gehört zusammen mit dem Slowakischen, dem Polnischen und dem Sorbischen zu den westslawischen Sprachen. Es wird mit lateinischen Buchstaben und zwei zusätzlichen diakritischen Zeichen geschrieben: Häkchen (háček), über bestimmten Konsonanten (z. B. lekař: Arzt, pošta: Post), Akut (čárka) für die Länge der Vokale á, é, í, ó, ú und ý. Resultiert ein langes u aus o, so wird die Länge durch ° angegeben (ů). Die Vokale können entweder lang oder kurz sein, die langen werden stets offen ausgesprochen. Der Ton liegt immer auf der ersten Wortsilbe, die aber dadurch nicht gelängt wird. Es gibt wie im Polnischen sieben Deklinationsfälle.

Die Geschichte der Deutschen und Böhmen in Mähren

Als Anfang 1992 der deutsch-tschechoslowakische Freundschaftsvertrag unterzeichnet wurde, wollten beide Seiten damit einen Schlußstrich unter die leidvolle Vergangenheit setzen. Doch schon wenig später wurde klar, daß dies nicht möglich war.

Die nach dem Zweiten Weltkrieg aus der Tschechoslowakei vertriebenen Deutschen forderten weiterhin ihr „Recht auf Heimat" ein, dies hieß nicht zuletzt auch eine Beteiligung an der Reprivatisierung staatlichen Eigentums. Andererseits hatten die tschechischen Opfer des Nationalsozialismus bisher von Deutschland keine Entschädigungsleistungen erhalten.

Daß die Frage der Entschädigung für mehr als 50 Jahre zurückliegendes Unrecht bisher nicht gelöst wurde, hängt vor allem mit einer unterschiedlichen Interpretation der gemeinsamen Geschichte zusammen. Es herrscht Uneinigkeit darüber, wo der Ursprung der nationalen Animosität zu sehen ist.

Sobald Tschechen auf ihre politische Unterdrückung in der Habsburgermonarchie hinweisen, kontern die Sudetendeutschen mit der verfehlten Nationalitätenpolitik der Tschechoslowakei nach 1918.

„Die Sudetendeutschen sind mitverantwortlich für die Zerschlagung unseres Landes im Münchner Abkommen", sagen die Tschechen. „Die Prager Regierung hat die sudetendeutschen Gebiete ökonomisch vernachlässigt und somit zum Erfolg der sudetendeutschen Bewegung unter Konrad Henlein beigetragen", sagen die Deutschen.

Im Lauf der Jahrzehnte hat sich so auf beiden Seiten ein stark subjektives Geschichtsbild entwickelt. Unmöglich scheint es den Parteien, einzugestehen, daß sowohl Deutsche wie Tschechen schwerwiegende Fehler begangen haben – sie führten zum gewaltsamen Ende eines fast tausendjährigen Zusammenlebens.

um die zehn Prozent kämpfen, liegt die Quote in Böhmen und Mähren beständig bei drei bis vier Prozent. Auch die Währung ist stabil. Bereits Ende 1994 konnte formell der Prozeß der Privatisierung abgeschlossen werden.

Als Macher des Erfolgs gelten Premierminister Václav Klaus und eine Gruppe von Ökonomen, die noch während des „Prager Frühlings" 1968 begann, Konzepte für den Übergang von der Plan- zur Marktwirtschaft auszuarbeiten.

Glanzstück der Klausschen Reform war die sogenannte Kuponprivatisierung. Jeder Bürger erhielt gegen einen geringen Betrag eine festgelegte Anzahl von Gutscheinen, mit denen er ohne zusätzliche Kosten Aktien der staatlichen Betriebe erwerben konnte. Die Chancengleichheit aller Beteiligten bei dieser fast spielerischen Form der Privatisierung trug entscheidend zur Stabilität des politischen Systems bei, zumal der Wert der erworbenen Anteile von Anfang an weit über dem eingesetzten „Spielbetrag" lag.

Natürlich gab es auch kritische Stimmen. Sie bemängelten, daß durch das Verschenken der Aktien kein neues Kapital in die Betriebe käme. Womit wolle man dann aber die notwendige Modernisierung veralteter Produktionsanlagen finanzieren, womit neue Investitionen tätigen?

Die immer wieder von der sozialdemokratischen Opposition angekündigte Bankrottwelle zahlungsunfähiger Unternehmen blieb jedoch aus. Ein Großteil der von unrentablen Firmen entlassenen Arbeiter und Angestellten wurde vom stark anwachsenden Dienstleistungssektor aufgenommen. Die Umorientierung auf westliche Handelspartner – allen voran die Bundesrepublik Deutschland – gelang. Mit Abstand wichtigste Produktionssparte ist weiterhin der Maschinenbau, hier sind an die 30 Prozent der in der Industrie Beschäftigten tätig.

Politik und Verwaltung

Die Politik der Tschechischen Republik wird von zwei Männern beherrscht, die zwar den gleichen Vornamen haben, deren Image jedoch unterschiedlicher nicht sein könnte. Staatspräsident Václav Havel, vor 1989 einer der führenden Dissidenten des Landes, gilt als Vertreter einer „unpolitischen Politik", als Idealist und manchen sogar als Träumer.

Demgegenüber verkörpert Premierminister Václav Klaus, der unter den Kommunisten ohne größere Behinderungen seine wirtschaftswissenschaftliche Theorie entwickeln konnte, den Pragmatiker, den Experten, den knallharten Machtpolitiker. Zielstrebig betrieb er die Spaltung des von Havel in der Revolution gegründeten „Bürgerforums" und machte die daraus hervorgehende „Bürgerlich-demokratische Partei" zur stärksten des Landes.

Trotzdem gilt Präsident Havel noch immer als einer der Vordenker des Landes. Sein Modell eines politischen Systems, das für den einzelnen größere unmittelbare Mitbestimmungsmöglichkeiten vorsieht, wird von den Verfechtern einer rein repräsentativen parlamentarischen Demokratie jedoch entschieden zurückgewiesen. Bis heute ist es so nicht gelungen, die Selbstverwaltung der Regionen neu zu regeln, alle wichtigen Entscheidungen werden in der Prager Zentrale getroffen. Vor allem ökonomische Kompetenzen möchten die Männer um Václav Klaus nicht abgeben. Nur zu oft werden dabei jedoch die Probleme der Provinz übersehen. Während die Hauptstadt aufblüht, zerfallen auf dem Land wirtschaftliche und soziale Strukturen.

Altes Handwerk in Prag

Steckbrief

Fläche: 78 864 km².

Einwohner: 10,3 Mio.

Nachbarstaaten: Deutschland, Polen, Slowakei, Österreich.

Verfassung: Parlamentarische Demokratie.

Hauptstadt: Praha (Prag), 1,2 Mio. Einw.

Größere Städte: Brno (Brünn), 390 000 Einw.; Ostrava (Ostrau), 330 000 Einw.; Plzeň (Pilsen), 175 000 Einw.; Ústí nad Labem (Aussig), 106 000 Einw.; Olomouc (Olmütz), 106 000 Einw.; Liberec (Reichenberg), 104 000 Einw.

Höchster Berg: Sněžka (poln. Sniežka, Schneekoppe; 1602 m); teils zur Tschechischen Republik, teils zu Polen gehörend.

Längster Fluß: Vltava (Moldau; 440 km).

Bevölkerungsdichte: 130 Einw./km².

Landessprache: Tschechisch.

Geschichte im Überblick

400 v. Chr. Keltische Bojer lassen sich im Gebiet der heutigen Tschechischen Republik nieder. Auf sie geht der Name der westlichen Region zurück: Böhmen. Um die Zeitenwende unterliegen sie den germanischen Markomannen, ab dem 5. Jh. wandern Slawen ein.

9. Jh. Zeit des Großmährischen Reiches. Es umfaßt neben Böhmen und Mähren die Slowakei, das obere Weichselland und vermutlich auch die Lausitz. Ab 863 Christianisierung durch die „Slawenapostel" Kyrill und Method. 906 zerfällt Großmähren nach einem Einfall der Ungarn.

10.–14. Jh. In blutigen Machtkämpfen gelingt es dem Stamm der Tschechen das Land unter seiner Dynastie, den Přemysliden, zu einigen. Fürstensitz wird Prag. Bedeutendster Herrscher des Geschlechts ist Václav I. (Wenzel; ab 919), der später heiliggesprochen und zum Schutzpatron Böhmens erkoren wird. Wegen seiner Annäherung an das Heilige Römische Reich Deutscher Nation wird er 929 von seinem Bruder Boleslav ermordet. Doch die Westorientierung Böhmens ist nicht mehr aufzuhalten. 1212 verleiht Kaiser Friedrich I. den Přemysliden die erbliche Königswürde, Böhmen wird deutsches Kurfürstentum. Přemysl Otakar II. (ab 1253) vergrößert sein Reich bis zur Adria, beim Griff nach der deutschen Kaiserkrone unterliegt er jedoch 1278 Rudolf von Habsburg. 1306 stirbt das Geschlecht der Přemysliden aus, die Herrschaft fällt an die Dynastie der Luxemburger.

In den vergangenen Jahrhunderten hat die „landwirtschaftliche Revolution" und der damit verbundene wirtschaftliche Aufschwung zur Entstehung zahlreicher Städte geführt. Vergünstigungen haben ihre überwiegend deutschen Bewohner ins Land gelockt. Böhmen ist von nun an zweisprachig.

1355 Der Sohn des böhmischen Königs Johannes von Luxemburg wird als Karl IV. deutscher Kaiser. Prag wird zu einer der wichtigsten Städte Europas.

1415–1433 Die sich bereits unter Karl IV. (gest.1378) anbahnenden wirtschaftlichen, nationalen und religiösen Konflikte führen nach dem Todesurteil gegen den Reformator Jan Hus auf dem Konzil zu Konstanz zum Ausbruch der Hussitenkriege. Da Reformationsanhänger militärisch erfolgreich sind, zeigen sich Papst und Kaiser endlich kompromißbereit. Die religiösen Forderungen der Hussiten werden erfüllt, nicht aber die sozialen.

1526 Die Länder der böhmischen Krone fallen an die Habsburger. Unter ihrer Herrschaft entsteht ein Großreich, das die Politik in Mitteleuropa fast 400 Jahre lang – bis zum Ende des Ersten Weltkriegs – mitbestimmt.

1576 Unter Kaiser Rudolf II. wird Prag für rund 30 Jahre erneut zur Hauptstadt des Heiligen Römischen Reiches Deutscher Nation. Unzählige Wissenschaftler und Künstler strömen in die Residenz des schöngeistigen Monarchen. Politische Entscheidungen werden allerdings vertagt, in Böhmen spitzt sich der Streit der Religionen erneut zu. Fast 70 Prozent der Bevölkerung sind inzwischen protestantisch.

1618 Zweiter Prager Fenstersturz. 27 böhmische Herren stürzen am 23. Mai die beiden kaiserlichen Statthalter sowie ihren Schreiber aus einem Fenster des Königspalastes. Die drei überleben, doch da Europa inzwischen in ein protestantisches und ein katholisches Lager gespalten ist, wird der Vorfall zum Auslöser des Dreißigjährigen Krieges.

1620 Die Niederlage in der Schlacht am Weißen Berg beendet den Aufstand der böhmischen Stände. 30 000 protestantische Familien verlassen das Land, ihr

Besitz fällt an die Katholiken, Prag wird zu einer Provinzstadt, die die regierenden Habsburger nur noch ab und zu besuchen. Der Einfluß der Deutschen wächst, das tschechische Nationalbewußtsein wird unterdrückt.

1848 In den vergangenen 100 Jahren hat sich Böhmen zu einem wichtigen Wirtschaftsgebiet der Habsburgermonarchie entwickelt. Die Industrialisierung zieht die tschechische Landbevölkerung in die Städte. Eine tschechische Bourgeoise bildet sich heraus, ein tschechisches Nationalbewußtsein entsteht. Der Historiker František Palacký lehnt es ab, an der Nationalversammlung in der Frankfurter Paulskirche teilzunehmen. Er sei, so schreibt er, kein Deutscher.

1918 Während des Ersten Weltkriegs entwickelte Tomáš G. Masaryk den Gedanken einer unabhängigen Tschechoslowakei, zu deren erstem Präsidenten er nun wird.

1938 Im Münchner Abkommen wird die Tschechoslowakei gezwungen, das überwiegend von Deutschen bewohnte Sudetenland an Hitlerdeutschland abzutreten.

1939 Am 14. März erklärt sich die Slowakei im Einvernehmen mit den Nationalsozialisten für unabhängig. Böhmen und Mähren werden einen Tag später von deutschen Truppen besetzt. 30 000 Tschechen und Slowaken verlieren in der Folge ihr Leben in deutschen Gefängnissen und im Widerstand. 200 000 Juden werden ermordet.

1942 Nach dem Attentat auf den stellvertretenden Reichsprotektor Reinhard Heydrich zerstören die Nationalsozialisten das Dorf Lidice. Alle männlichen Bewohner werden erschossen, Frauen und Kinder nach Deutschland gebracht.

Treffpunkt in der Prager Neustadt: das Wenzelsdenkmal

Vor der „Samtenen Revolution": Huldigung an Marx und Lenin

Am Altstädter Ring erinnert ein Denkmal an den sozialkritischen Reformator Jan Hus

Kultur gestern und heute

1945 Am 5. Mai beginnt in Prag der dreitägige Aufstand gegen die deutsche Besatzung. In den folgenden drei Jahren nach Ende des Zweiten Weltkriegs werden rund drei Millionen Sudetendeutsche aus ihrer Heimat vertrieben.

1948 Die demokratischen Parteien haben der politischen Arbeit der Kommunisten, die bei den Wahlen 1946 in der Tschechoslowakischen Republik 40 % der Stimmen erhielten, wenig entgegenzusetzen. Unterstützt von Massendemonstrationen setzen die Ultralinken am 25. 2. eine Kabinettsumbildung zu ihren Gunsten durch. Präsident Edvard Beneš legt sein Amt nieder.

1968 Im „Prager Frühling" versuchen die Kommunisten unter Alexander Dubček einen „Sozialismus mit menschlichem Antlitz" zu entwickeln. Am 21. 8. aber wird dies von den Truppen des Warschauer Paktes gewaltsam im Keim erstickt.

1977 Die Menschenrechtsgruppierung „Charta 77" entsteht, bleibt in der Gesellschaft jedoch isoliert.

1989 In den vergangenen Jahren ist der Protest gegen die kommunistische Herrschaft gewachsen. Am 17. November wird eine Demonstration von Studenten von der Polizei brutal beendet. In den folgenden Tagen versammeln sich immer mehr Menschen auf dem Prager Wenzelsplatz, nach einem Generalstreik kommt es schließlich zur Regierungsumbildung. Führende Vertreter der demokratischen Opposition übernehmen Ministerposten. Ende Dezember wird Václav Havel zum Staatspräsidenten gewählt.

1993 Teilung des Staates in die Tschechische und die Slowakische Republik (s. S. 9).

Architektur

Für die Erhaltung des „nationalen Kulturerbes" wurde in ehemaligen Tschechoslowakei von den Kommunisten viel Geld ausgegeben. Die Prager Burg wurde ebenso renoviert wie die Barockpalais, die den historischen Krönungsweg der böhmischen Könige säumen. Ein wirklich neues Gesicht erhält das Land jedoch erst seit der politischen Wende unserer Tage. Nicht nur in der Metropole, sondern auch in Kleinstädten und Dörfern verschwinden die Fassaden hinter Baugerüsten, um sich wenig später in neuem Glanz zu präsentieren. Nicht selten sind es heute jedoch ausländische Unternehmen, die die Rekonstruktion jahrhundertealter Gebäude finanzieren – und anschließend dort eine ihrer Filialen eröffnen.

2500 Schlösser und Burgen zählt das Land – zu Recht sind die Tschechen stolz auf den kulturellen Reichtum ihrer Heimat. Daß die gotische Doppelkapelle der Reichsburg in Eger oder die barocke Wallfahrtsstätte bei Příbram nach Plänen deutscher oder italienischer Baumeister errichtet wurden, spielt dabei keine Rolle. Schließlich war das Denken in nationalen Kriterien auch diesen Künstlern fremd. Viele kamen nicht nur zur Erfüllung eines Auftrags nach Böhmen, sondern fanden hier eine neue Heimat.

Unter ihnen war etwa Christoph Dientzenhofer (1655–1722), der von seinem Vater aus dem oberbayerischen Aibling nach Prag in die Lehre geschickt worden war. Er errichtete in Böhmen gemeinsam mit seinem Sohn Kilian Ignaz (1690–1751) mehr als 120 barocke Kirchen, Klöster und Palais.

Oder Peter Parler (1330–1399), den Karl IV. im Alter von 23 Jahren aus Schwäbisch Gmünd ins Land holte und der gemeinsam mit seinen Söhnen den spätgotischen Kathedralenbau in Böhmen auf europäisches Niveau hob.

Aus Italien kamen die Barockbaumeister Carlo Lurago (St. Ignatius in Klatovy) und Domenico Orsi (Jesuitenkolleg in Kutná Hora).

Politik und Architektur waren in Böhmen von jeher untrennbar miteinander verbunden. Unter Kaiser Karl IV., als die Hauptstadt zum erstenmal auch die Metropole des Heiligen Römischen Reiches Deutscher Nation war, entstand das gotische Prag. Die Konfiskationen während des Dreißigjährigen Krieges schufen die Voraussetzung für den „Barock-Bauboom", für den nun der katholische Adel die nötigen Mittel aufbrachte: In Vranov und Valtice entstanden so zwei der schönsten Schlösser des Landes.

Ähnliches gilt für die Wende vom 19. zum 20. Jh.: Die junge tschechische Bourgeoisie konnte es sich nun leisten, in den Zentren der Städte prächtige Wohnhäuser im Jugendstil zu errichten. In den historistischen Bauwerken des Nationaltheaters und des Nationalmuseums in Prag fand das wiedererwachte Nationalbewußtsein einen baulichen Ausdruck.

Literatur und Film

Was für die Architektur gilt, trifft auch auf die Literatur zu. Sie ist eng mit der politischen Entwicklung verbunden. Seine erste Blüte hatte das tschechische Schrifttum in der Hochzeit der Hussiten zwischen dem 14. und dem 16. Jh. Erwähnt werden muß hier vor allem der Laienprediger Petr Chelčický und sein Werk „Das Netz des rechten Glaubens".

Der Niedergang kam dann während der Gegenreformation, erst die Aufbruchszeit des 19. Jhs. brachte die „Wiedergeburt". Die „Kleinseitner Geschichten" von Jan Neruda (1834–1891) und die

*„Prager Frühling" 1968:
Alexander Dubček kämpft für
einen glaubwürdigen Sozialismus*

*Dramatiker, Dissident und
heute führender Politiker:
Präsident Václav Havel*

*Ein Wahrzeichen von Prag –
das Nationaltheater*

lyrisch-romantische Dichtung „Der Mai" von Karel Hynetz Mácha (1810 bis 1836) gehören bis heute zu den wichtigsten Werken der tschechischen Literatur. Immer wieder zwangen die politischen Verhältnisse tschechische Schriftsteller zur Emigration. Während der kommunistischen Herrschaft gab es so nicht nur eine, sondern gleich drei Literaturen: die offizielle, dem Staat genehme; die Literatur der Dissidenten, die nur im Untergrund zirkulierte; und die Literatur der Emigration.

Stark politisch engagiert war im 19. Jh. auch eine Gruppe anarchistischer Schriftsteller, darunter Jaroslav Hašek (1883–1923), dessen „Abenteuer des braven Soldaten Schwejk" weltweit wahrscheinlich das bekannteste Werk der tschechischen Literatur ist. Die Unsinnigkeit des Krieges und die Absurditäten der modernen Welt gehört in den Jahren nach dem Ersten Weltkrieg zu den zentralen Themen der tschechischen – und auch der deutschen (s. S. 29) – Schriftsteller des Landes. Ein Beispiel für viele sei hier Karel Čapeks „Der Krieg mit den Molchen" (1936).

In einen vielfach ungelösten Gewissenskonflikt kamen die Schriftsteller nach 1948. Da die tschechische Intelligenz bereits in der Zwischenkriegszeit auf der linken Seite des politischen Spektrums gestanden hatte, begrüßte sie die kommunistische Machtübernahme. Die wenig später einsetzende Verfolgung politisch Andersdenkender konnte sie dagegen nicht akzeptieren.

Wichtigste Autoren dieser Zeit sind die späteren Emigranten Milan Kundera (geb. 1929) und Pavel Kohout (geb. 1928), der Lyriker und Literaturnobelpreisträger Jaroslav Seifert (1901 bis 1986) sowie Bohumil Hrabal (geb. 1914), dessen Werke in der sozialistischen Tschechoslowakei zumindest teilweise erscheinen konnten.

Einer breiteren Öffentlichkeit im Westen wurde Milan Kundera freilich erst durch seine im Pariser Exil geschriebenen Arbeiten, wie etwa „Die unerträg-liche Leichtigkeit des Seins" (1984), bekannt. Ähnlich erging es auch dem 1968 in die USA emigrierten Filmemacher Miloš Forman (geb. 1932). Seine frühen Prager Arbeiten „Der schwarze Peter" und „Der Feuerwehrball" gelten bei den Tschechen als seine besten, wurden aber in Deutschland kaum beachtet. Publikumsrenner waren „Einer flog über das Kuckucksnest" und der wenige Jahre vor der Wende in Prag gedrehte „Amadeus". Forman selbst ist der Ansicht, daß die Emigration die Identität des Menschen bedrohe und daher seine Kreativität mindere. In seinen Filmen ist davon nichts zu merken.

Forman ist nicht der einzige Tscheche, der Filmgeschichte schrieb. Schließlich gibt es in Prag eine in ganz Ostmitteleuropa gerühmte Filmakademie. In den dreißiger Jahren entwarf ein Onkel Václav Havels die Pläne für die hauptstädtischen Barrandov-Filmstudios. Aufgrund ihrer hervorragenden Ausstattung waren sie in der Zeit des deutschen Protektorats direkt Propagandaminister Josef Goebbels unterstellt.

Im Westen bekannt geworden ist der tschechische Film vor allem durch Zeichentrickproduktionen. Der Grund für die außerordentliche Qualität dieses Genres ist ein politischer: Da viele Regisseure während der kommunistischen Herrschaft in ihrer Arbeit behindert wurden, konzentrierten sie sich auf Kinderunterhaltung.

Musik

Die Spannung zwischen Heimat und Fremde hatte ihren Einfluß auch auf die tschechische Musik. So wirkte Bedřich Smetana (1824–1884), der wohl beliebteste Komponist des Landes, einige Jahre in Schweden. Nach seiner Rückkehr schuf er zahlreiche Werke, die die tschechische Geschichte und Landschaft zum Thema haben. Am bekanntesten sind „Die Moldau" aus dem sechsteiligen Zyklus „Mein Vaterland" sowie die Opern „Die verkaufte Braut" und „Libuša".

Ohne die Verarbeitung heimatlicher Themen wäre Antonín Dvořák (1841–1904) vielleicht nie bekannt geworden. Vor allem durch seine mährischen Duette und Slawischen Tänze machte er sich in Deutschland und Österreich einen Namen. Ein Aufenthalt in den USA, wo er von 1892 bis 1895 Direktor des New Yorker Konservatoriums war, inspirierte ihn zu seiner Symphonie „Aus der Neuen Welt".

Miloš Forman arbeitet an „Amadeus"

Die Musik Smetanas und Dvořáks war in erster Linie die der städtischen Intelligenz. In Kirchen und Klöstern wurde die bis in die Hussitenzeit zurückreichende Tradition der geistlichen Musik gepflegt.

Auf dem Land führte die Romantik im 19. Jh. dagegen zu einer Wiederbelebung des Volksliedes. Unzählige Sammlungen entstanden, böhmische Vortragskünstler machten das melodische Kulturgut in ganz Mitteleuropa bekannt. „Jeder Böhme ein Musikant", so hieß es nun, wobei die Traditionen in den Landesteilen voneinander abweichen. Das böhmische Egerland machte sich durch seine Blasmusik einen Namen. In Mähren dagegen erklingt zu Tanz und Gesang das Zymbal.

Bedřich Smetana, Schöpfer der tschechischen Nationalmusik

Feste und Veranstaltungen – eine Auswahl

Februar: Prag, Opernball; Brno, Janáček-Musikfestspiele.

März: Karlovy Vary, Jazzfestival.

Mai/Juni: „Prager Frühling", Musikfestival; Südmähren, traditioneller Königsritt am Pfingstsonntag an verschiedenen Orten.

Juli: Strážnice, Internationales Folklorefestival; Karlovy Vary, Internationales Filmfestival (alle zwei Jahre, wieder 1997).

August: Prag, Tennisturnier Škoda-Open; Brno, Grand Prix der Motorräder. Mariánské Lázně, Chopin-Festival.

September: Litoměřice, Gartenbauausstellung.

Oktober: Prag, Internationales Jazzfestival.

Dezember: Ostmähren, Nikolausumzüge in verschiedenen Orten (6. Dez.).

Essen und Trinken

Wer ein böhmisches Kochbuch aus der k. u. k. Monarchie aufschlägt, beginnt zu träumen: Von frischem Gänse- und saftigem Entenbraten, von Schweine- und Kalbsgulasch, von Rinderlende in Sahnesoße, vom Hasenbraten mit Pilzen, von Semmel-, Kartoffel- und Quarkknödeln. Daß in der böhmischen Küche nicht gespart wurde, zeigen auch die Rezepte der Nachspeisen: Palatschinken werden mit Eis und Früchten gefüllt und mit Sahne und Schokolade übergossen. Zu Zwetschgenknödeln gibt es frischen Quark und zerlassene Butter. Man liebte es saftig-süß oder herzhaft-deftig. Der Ruf der böhmischen Köchinnen drang bis weit über die Landesgrenzen hinaus.

Doch all das ist lange her. Wer in den tschechischen Gasthäusern der Nachwendezeit vor seinem Braten sitzt, hat ausgeträumt. Es gibt sie zwar noch, all die genannten traditionsreichen Gerichte. Doch in vierzig Jahren Sozialismus verfiel nicht nur die Kunst ihrer Zubereitung, sondern auch die Qualität der verwendeten Produkte ging spürbar zurück. Die berühmten Serviettenknödel werden meist in Großküchen lieblos hergestellt, die kunstvollen Fleischspeisen verkamen zu billigen Schnellgerichten.

Sicher, seit der Wende hat sich einiges geändert. In Prag und Brno gibt es nun eine Reihe guter bis sehr guter Gasthäuser. Knoblauch- und Zwiebelsuppe werden endlich wieder angeboten. Auch die gleichermaßen berühmten Wildpasteten und Liwanzen – kleine Hefepfannkuchen mit Pflaumenmus – kehrten auf die Speisekarten zurück.

Wem nach all dem nach etwas Frischerem, Leichterem zumute ist, hat heute die verschiedensten Möglichkeiten. Nahezu alle Restaurants bieten vegetarische Gerichte an, und während vor zehn Jahren Salate noch als Kaninchenfutter geschmäht wurden, haben sich die Köche inzwischen auf die Wünsche der Gäste eingestellt. Auch in anderer Hinsicht hat der Westen Einfluß genommen: Englisch-amerikanische Schnellrestaurants haben die traditionellen tschechischen „bufets" in vielen Städten verdrängt. Mit ihnen sind vielerorts auch die „chlebičky", kleine, phantasievoll belegte Brötchen, aus dem Angebot verschwunden. Eine andere beliebte Zwischenmahlzeit sind „klobasy" und „parky", die berühmten Prager Würste und Würstchen. Sie gibt es – mit Senf und immer häufiger auch mit Ketchup – an Straßenkiosken.

Womit man beim Bier wäre. Denn gerade an den Imbißständen und in den verbliebenen „bufets" gibt es eine schon fast selten gewordene Köstlichkeit: frisch gezapftes Bier der örtlichen Brauerei, mit zehn, zwölf oder auch 14 Grad Stammwürze, hell oder dunkel. In vielen der „besseren" Lokalitäten wird dagegen der Gerstensaft immer häufiger in der Flasche – oder sogar in der Blechdose – serviert. Man meint, dadurch besonders modern zu sein. Hinzu kommt freilich auch, daß die Besucher aus dem Ausland meist „Pilsner" oder „Budweiser" trinken möchten. Auch deshalb haben es die rund hundert regionalen Brauereien, von denen viele zu ganz ausgezeichneten Ergebnissen kommen, immer schwerer.

Zur böhmischen Küche paßt natürlich am besten Bier, der leichte Wein des Landes hat es gegen Gänse- oder Schweinebraten schwer. Ruländer, Traminer oder St. Laurent sollte man in den „vinárnas", den Weinstuben, probieren, dort ist das Angebot oft sehr breit. Die besten tschechischen Weinanbaugebiete liegen in Mähren und in der Umgebung der mittelschechischen Stadt Mělník. Als Aperitif wie als Digestif empfiehlt sich der Becherovka, ein Magenlikör aus Karlovy Vary.

Urlaub aktiv

Im „U Mucha" in Prag

In die Berge

Wandern ist – neben Fußball und Eishockey – der Nationalsport der Tschechen. Vom Frühling bis zum Winteranfang bestehen in den Gebirgsregionen und Felsenstädten ideale Bedingungen. Es gibt 48 000 km markierter Wege, über ihren Verlauf informieren die in fast allen tschechischen Buchhandlungen erhältlichen Landkarten. Inzwischen wurden auch einige Wanderführer in deutscher Sprache herausgebracht, die vor Ort erhältlich sind.

Wichtigste Skiregion ist das Riesengebirge, aber auch im Böhmerwald, in Iser- und Erzgebirge gibt es eine Vielzahl von Liften und Langlaufloipen. Die Gebiete liegen 400–1300 m hoch und gelten zwischen Weihnachten und Mitte März als schneesicher.

An die Flüsse und Seen

Viele Tschechen sind passonierte Angler. In den fischreichen Gewässern der Gebirgs- und Vorgebirgsregionen leben vor allem Bachforellen, Saiblinge und Äschen. Die Stauseen der Moldau sind Lebensraum von Zandern und Hechten. Berühmt für die Größe seiner Welse ist der Vranov-Stausee an der Thaya. Die hier gefangenen Fische erreichen ein Gewicht von 50–70 kg. Angelscheine sind beim Tschechischen Reisebüro Čedok (s. S. 22, 93) erhältlich.

Böhmens schneebedeckte Höhen

Beliebtestes Wassersportzentrum ist der Lipno-Stausee im Böhmerwald. Doch auch die anderen Talsperren an der Moldau und in Südmähren sowie der Máchovo jezero, der größte natürliche See, werden viel besucht. Ein Treffpunkt für Segler, Ruderer und Kanuten ist der Elbkanal bei Račice. ❶ ČSA airtours, Národní třída 27, Praha 1, ☎ 02–235 83 41.

Wassersport auf der Moldau

Unterkunft

Die politische Wende 1989 hat auch dem Tourismus einen ungeahnten Aufschwung gebracht. Vor der „Samtenen Revolution" hatten jährlich etwa 30 Mio. Menschen die Tschechoslowakei besucht, in den ersten sieben Monaten des Jahres 1994 kamen 53 Mio. allein in die Tschechische Republik.

Erfreut zeigten sich hierüber nicht nur die Tourismusunternehmen, deren Zahl sprunghaft in die Höhe schnellte, sondern auch der Finanzminister. In jedem Jahr lassen die Besucher rund 2 Mrd. Mark im Land.

Der Besucherstrom konzentriert sich vor allem auf Prag, aber auch in den Kleinstädten gibt es immer mehr Hotels und Pensionen, die westlichen Ansprüchen genügen.

Die alten Qualitätsbezeichnungen (A* bis C), wurden inzwischen durch eine Klassifizierung mit einem bis fünf Sternen abgelöst. Der höchsten Kategorie gehören nahezu ausschließlich die großen Luxushotels in Prag und dem Westböhmischen Bäderdreieck an. Hier muß für ein Doppelzimmer pro Nacht zwischen 250 und 400 DM bezahlt werden. Für rund 100 DM können zwei Personen in einem Hotel der dritten Kategorie unterkommen.

Häuser mit zwei Sternen und weniger sollte man besser meiden. Privatzimmer kosten je nach Landesteil zwischen 15 und 60 DM.

Auf freie Übernachtungsmöglichkeiten weist oft ein deutschsprachiges Schild („Zimmer frei") hin.

Sein Angebot an Ferienwohnungen hat Čedok (s. rechts) in einem eigenen Katalog zusammengestellt.

Betten in Jugendgästehäusern und – in den Semesterferien – Studentenwohn-heimen vermittelt das Reisebüro ČKM (s. u.).

In den großen Ferienzentren – wie dem Riesengebirge – liegen die Preise über dem Durchschnitt. Achtung bei Preisaushängen, die genannten Beträge gelten nur für tschechische Besucher, Ausländer zahlen rund 50 Prozent mehr. In Prag ist Vorbestellung das ganze Jahr über ratsam, in den größeren Erholungsgebieten während der Sommermonate Juli und August. Kuraufenthalte in den rund 30 tschechischen Bädern kann man bei den Reisebüros Čedok und Balnea buchen (s. u.).

Hauptgeschäftsstellen von Čedok:
Prag: Na příkopě 18,
☎ (02) 24 19 76 76.
Frankfurt/Main: Kaiserstr. 54,
☎ (0 69) 2 74 01 70.
Wien: Parkring 10,
☎ (02 22) 5 12 43 72.
Zürich: Pelikanstr. 38,
☎ (01) 2 21 31 31.

Geschäftsstellen des Reisebüros ČKM:
Prag: Žitná 12, ☎ (02) 29 12 40.
Brünn: Česká 11, ☎ (05) 42 21 31 47.

Balnea, Pařížská 11, Prag 1,
☎ (02) 2 32 37 67.
Zimmervermittlung in Prag:
AVE, im Prager Hauptbahnhof,
☎ (02) 2 36 25 60.

Da viele Tschechen ihren Urlaub auf Campingplätzen verbringen, gibt es ein umfangreiches Angebot. Dennoch sind viele Einrichtungen in der Hochsaison ausgebucht. Geöffnet sind sie in der Regel von Anfang Mai bis Mitte September, oft kann man auch kleine Hütten oder Bungalows mieten. Eine Landkarte, auf der alle Campingplätze eingezeichnet sind, ist bei Čedok erhältlich.

Eingeteilt sind die Anlagen in vier Kategorien, entscheidend ist hier die Qualität der sanitären Einrichtungen. Die Stellpreise für ein Auto mit Wohnanhänger liegen zwischen 20 und 40 DM. Wildes Campen ist generell verboten.

Verkehrsmittel

Die meisten Besucher bereisen die Tschechische Republik mit dem eigenen *Auto*. Außer dem nationalen Führerschein benötigt man die grüne Versicherungskarte und ein Nationalitätskennzeichen. Ratsam ist, gleich an der Grenze die Gebührenmarke für Autobahnen und Schnellstraßen zum Preis von 400 Kronen pro Jahr zu erwerben.

Es gibt inzwischen überall bleifreies Benzin („Natural"), der Zustand der Straßen ist in der Regel sehr gut. Straßenverkehrsregeln und Verkehrszeichen entsprechen dem westeuropäischen Standard. Eine wichtige Ausnahme ist das absolute Alkoholverbot für Autofahrer. Für Pkws und Busse gilt in Ortschaften eine Höchstgeschwindigkeit von 60, auf Landstraßen von 90 und auf Autobahnen von 110 km/h. Das Anlegen von Sicherheitsgurten ist Pflicht. Jeder Unfall muß von der Polizei aufgenommen werden.

Die *Zugverbindungen* nach Prag und Brünn sind inzwischen sehr gut, auf vielen Strecken verkehren EuroCitys. Eine Alternative bieten direkte Busverbindungen, damit kann man auch Städte jenseits der wichtigsten Eisenbahnlinien problemlos erreichen.

Flugverbindungen nach Prag gibt es von allen großen deutschen Städten sowie von Wien, Innsbruck, Zürich und Genf aus. Der Flughafen Prag-Ruzyně liegt etwa 25 km nördlich des Stadtzentrums, es gibt einen Shuttlebus. Von Prag aus werden die tschechischen Flughäfen in Brno, Karlovy Vary, Ostrava und Zlín angeflogen.

Im Land selbst bietet sich die *Eisenbahn* für längere Strecken an, es gibt aber auch *Fernbusse*. Die Busbahnhöfe befinden sich meist in der Nähe der Zugbahnhöfe (Bahnhof = nádraží).

Schönster Jugendstil: Grandhotel Europa am Prager Wenzelsplatz

Vorsicht

Wer mit dem Pkw in die Tschechische Republik fährt, sollte sich zuvor eine Lenkradsicherung oder eine ähnliche Schutzvorrichtung besorgen. Vor allem in Prag haben es in- und ausländische Autoknacker auf westliche Modelle abgesehen. Am sichersten steht man auf bewachten Parkplätzen oder in Parkhäusern, allerdings sind hier die Gebühren nicht gerade niedrig.

In anderer Hinsicht aktiv ist die tschechische Polizei: Geschwindigkeitskontrollen finden regelmäßig an den wichtigsten Straßen ins westliche Ausland statt. Falschparker oder Benutzer von Parkplätzen, die für bestimmte Organisationen reserviert sind, werden abgeschleppt oder durch eine sogenannte Kralle blockiert. Strafgebühren liegen bei 500–700 Kronen.

***Praha (Prag)

Die goldene Stadt in neuem Glanz

Wenn es darum ging, für die tschechische Metropole ein rühmendes Attribut zu finden, waren die Dichter nie bescheiden. Prag, das war und ist die goldene, die magische, die hunderttürmige, die auf sieben Hügeln erbaute Stadt an der Moldau. Prag, tausend Jahre alt, geprägt vom Mit- und Gegeneinander zumindest dreier verschiedener Kulturkreise, dem tschechischen, dem deutschen und dem jüdischen. Ein kultureller Brennpunkt Mitteleuropas.

Seit 1989 ist die 1,2-Mio.-Stadt zudem das wirtschaftliche Zentrum des ehemaligen Ostblocks. Unzählige westliche Firmen und Banken haben sich hier niedergelassen, unzählige neue Restaurants und Hotels sind entstanden. So manchem Hauptstädter passen diese Anzeichen der Verwestlichung nicht ins Bild, dem Geschäft aber scheinen sie nicht zu schaden. Seit der „Samtenen Revolution" zählt die Heimat des Dichterpräsidenten Havel zu den beliebtesten touristischen Zielen Europas. Auch das ist Prag.

Es gibt wohl kaum eine andere mitteleuropäische Großstadt, in der im Zweiten Weltkrieg weniger zerstört worden ist als in Prag. Lückenlos präsentieren sich die alten Straßenzüge, lediglich drei historische Gebäude gingen in Flammen auf. So schoß während des Prager Maiaufstands ein Panzer der Deutschen Wehrmacht den Südflügel des Altstädter Rathauses in Brand. Die Stelle blieb bis heute leer – obwohl es eine Reihe von Architekturwettbewerben gab.

Doch die Hauptstädter haben schlechte Erfahrungen mit modernen Bauwerken in der vertrauten historischen Umgebung. Vor allem das in den achtziger Jahren neben dem Nationaltheater errichtete Gebäude der „Neuen Szene" fand wenige Bewunderer. Und auch der Bau eines Hotels am Moldauufer stieß auf heftige Ablehnung. Selbst Präsident Havel schloß sich dem Protest an.

Solche Diskussionen haben in Prag Tradition. Als Ende des 19. Jhs. die sozialen und hygienischen Verhältnisse in der **Josephstadt** *(Josefov)*, dem ehemaligen jüdischen Ghetto, immer unerträglicher wurden, entschied sich der Stadtrat erst nach monatelangem Zögern zum Neubeginn. An der Stelle der kleinen baufälligen Häuser wurden vier- bis sechsstöckige Wohnblock im Stil des Historismus errichtet.

Prags ältester Bezirk ist die im 10. Jh. gegründete und Anfang des 14. Jhs. zur königlichen Stadt erhobene **Altstadt** *(Staré město)*. Přemysl Otakar II. holte in der Mitte des 13. Jhs. deutsche Siedler, die ersten Bewohner der **Kleinseite** *(Malá strana)*, ins Land. Unter Kaiser Karl IV. entstand im 14. Jh. die Prager **Neustadt** *(Nové město)*. Die letzte im Bunde ist die **Burgstadt** *(Hradčany)*, die 1320 zur burggräflichen Stadt erhoben wurde.

Wer Zeit hat, sollte für die Besichtigung der fünf historischen Teile fünf Tage einplanen. Aber auch während eines dreitägigen Besuchs kann man einen guten Überblick über die wichtigsten Bauwerke bekommen.

Inzwischen werden eine Reihe von Busrundfahrten angeboten, da weite Teile des Zentrums jedoch Fußgängerzone sind, kann man die bedeutendsten Sehenswürdigkeiten nur zu Fuß oder mit der Metro erreichen.

In Neu- und Altstadt

Vielleicht der beste Ausgangspunkt für einen ersten Rundgang ist das *Denkmal des hl. Wenzel* am oberen Ende des

**Wenzelsplatzes (Václavské nám.) ❶. Das Reiterstandbild ist für Einheimische und Besucher ein beliebter Treffpunkt in der Neustadt, zwei Metrolinien (Ⓜ A und C, Station „Museum") kreuzen sich hier. Der breite Boulevard, der heute von Gebäuden aus dem 19. und 20. Jh. gesäumt wird, ist seit langem die wichtigste Einkaufsstraße Prags. Mit einer Länge von 750 m und einer Breite von 60 m hat er seine Größe seit dem 14. Jh. nicht verändert.

Wohnhäuser aus der Gründerzeit am Moldauufer

Am Platzende steht der 1885–1890 nach Plänen von Josef Schulz errichtete Neorenaissancegebäude des ***Nationalmuseums.** In seinem Pantheon stehen 49 Statuen und Büsten bedeutender Tschechen. In den Seitenflügeln sind naturwissenschaftliche und historische Sammlungen ausgestellt.

Blickfang am Altstädter Rathausturm: die Astronomische Uhr

Das untere Ende des Wenzelsplatzes wird oft als „Goldenes Kreuz" oder profaner als „Einkaufsdreieck" bezeichnet. Hier enden die beiden anderen wichtigen Geschäftsstraßen der Stadt, die *Národní třída (Nationalstraße)* und die Straße *Na příkopě (Grabenstraße)*. Nur wenige Schritte entfernt ist die bekannte Brauereigaststätte *„U Fleků"* (Křemencová 11), bekannt für das hier augeschenkte schwarze, süßliche Starkbier. Im Sommer ist ihr schattiger Biergarten Anziehungspunkt für Touristen und Einheimische.

Die Nationalstraße führt zur Moldau und dem 1883 eröffneten ****Nationaltheater ❷**, einem steinernen Symbol des tschechischen Nationalbewußtseins. Sein Bau wurde allein aus Spenden der Bevölkerung finanziert. Die bekanntesten Künstler des Landes – von Šaloun bis Aleš – wirkten an seiner Gestaltung mit. Gegenüber ist im Gebäude der Prager Filmhochschule das „Slavia", das älteste Kaffeehaus der Stadt, untergebracht. Auch Václav Havel trank hier seinen türkischen Kaffee.

Die Türme der Teynkirche gehören zu den Wahrzeichen Prags

Nationalstraße und Grabenstraße bilden die Grenze zwischen Alt- und Neustadt. Dort, wo sich früher eines der 13 Stadttore erhob, steht heute der spätgotische **∗Pulverturm ❸**. 1475–1500 errichtet, erhielt er sein Walmdach und den Umgang erst Ende des 19. Jhs.

Von hier oben hat man einen schönen Blick auf das hunderttürmige Prag. In dem Gebäude wurde zeitweise Schießpulver gelagert, daher der Name. Nebenan erhob sich einst der Stadtpalast der böhmischen Könige. Anfang des 20. Jhs. entstand an seiner Stelle das **∗∗Repräsentationshaus,** der vielleicht schönste Jugendstilbau der Stadt. Über dem Eingang ist ein Mosaik zu sehen, das die „Huldigung an Prag" zeigt. Neben einem fast stilreinen Café sowie

Restaurant lockt der Smetanasaal Besucher an. Jeden Mai werden hier die Musikfestspiele „Prager Frühling" eröffnet.

Durch den Torbogen des Pulverturms, durch die Celetná-Gasse zum Altstädter Ring und weiter zur Prager Burg führte einst der Krönungsweg der böhmischen Könige. Heute ist die **Celetná ulice** eine belebte Fußgängerzone, in den Gewölbekellern der ursprünglich romanischen Häuser gibt es zahlreiche gemütliche Restaurants. Gegenüber der ehemaligen *Münzstätte* (1755) steht das *Haus zur schwarzen Muttergottes,* das 1911–1912 errichtet wurde. Die dunkle Marienfigur ist nur ein Beispiel für die zahlreichen Prager Hauszeichen. Vor der Einführung der Haus-

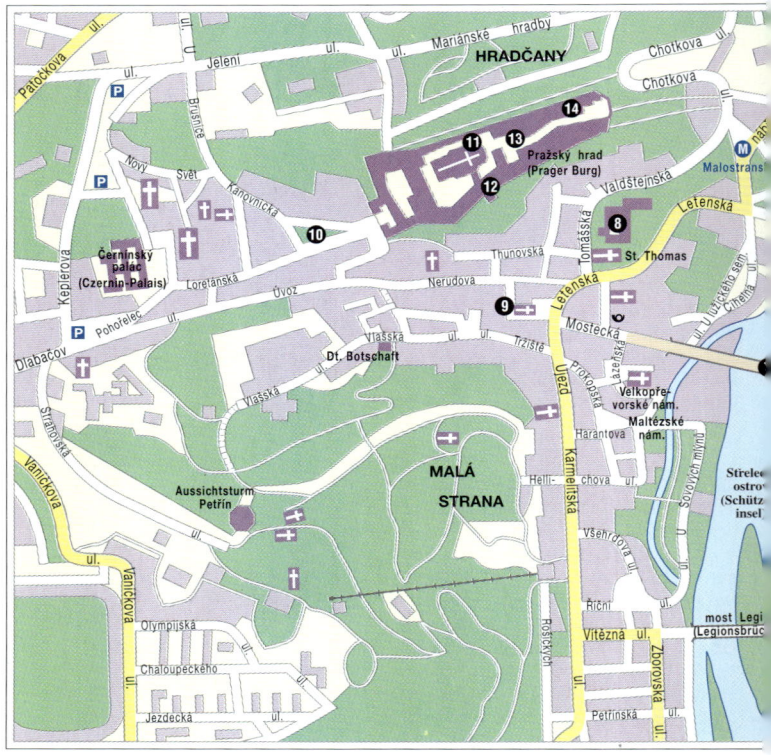

nummern hatte fast jedes Gebäude seinen eigenen Namen. In der Celetná stehen z. B. noch das *Haus zu den drei Königen* (Nr. 3) und das *Haus zum goldenen Geier* (Nr. 22). Von der Münzstätte aus sind es nur wenige Schritte bis zum *★Ständetheater* in der Železná-Gasse, das 1781–1783 im Stil des Klassizismus errichtet wurde. Am 29. Oktober 1787 fand hier die Uraufführung von Mozarts „Don Giovanni" statt.

Es folgt das Hauptgebäude der **Karls-universität.** Die älteste Hochschule Mitteleuropas – und auch die älteste deutsche Universität – wurde 1348 vom späteren deutschen Kaiser Karl IV. gegründet, von dem ursprünglichen Bau aus dem 14. Jh. ist noch ein gotischer Erker erhalten.

❶ Wenzelsplatz
❷ Nationaltheater
❸ Pulverturm
❹ Altstädter Ring
❺ Clementinum
❻ Altneusynagoge
❼ Karlsbrücke
❽ Waldstein-Palais
❾ St.-Niklas-Kirche
❿ Burgplatz
⓫ St.-Veits-Dom
⓬ Königspalast
⓭ St.-Georgs-Basilika
⓮ Goldenes Gäßchen

Den Mittelpunkt der Altstadt bildet der ** Altstädter Ring ❹, einer der schönsten Marktplätze Europas. Wer zum ersten Mal hierher kommt, sollte dies am besten am frühen Morgen oder spätabends tun. Wenn der Platz (fast) leer ist, kann der weite Raum als Ganzes erfaßt werden.

Beherrscht wird das Areal von der seit der Mitte des 14. Jhs. errichtete * Teynkirche, ihre beiden 80 m hohen Türme sind zugleich das Wahrzeichen des Altstadt. Nach einem Brand im 17. Jh. wurde das gotische Gewölbe des Hauptschiffs durch ein frühbarockes ersetzt. Im rechten Seitenschiff ist der dänische Astronom Tycho Brahe (1546–1601) beigesetzt, der zusammen mit Johannes Kepler am Hof von Kaiser Rudolf II. arbeitete.

Das Gotteshaus galt als ein Bollwerk der Prager Hussiten. Den goldenen Kelch als Symbol des Protestantismus, den diese einst am Giebel anbrachten, ersetzten die Katholiken nach ihrem Sieg in der Schlacht am Weißen Berg (1620) durch ein Marienbild. Der Strahlenkranz, der die Marienfigur umgibt, wurde aus dem Gold des Kelches geformt. Wieder einmal hatten Kirche und Kaiser gezeigt, wer in Prag die Macht hat. Dennoch konnten sie sich ihrer Herrschaft über das reformatorische Land nie ganz sicher sein, und daher gestatteten sie es lange Zeit nicht, ein Denkmal für Jan Hus zu errichten. Erst 1915, wenige Jahre vor dem Ende der Habsburgermonarchie und zum 500. Todestag des Reformators, durfte auf dem Altstädter Ring eine Statue aufgestellt werden.

Zu jeder vollen Stunde sammelt sich am Fuß des Altstädter Rathausturms eine riesige Menschenmenge. Alle warten auf das Glockenspiel der * Astronomischen Uhr.

Weniger Beachtung findet dagegen die sogenannte Sphäre der 1490 von einem Magister der Karlsuniversität geschaffenen Uhr. Die Scheibe unterhalb des Puppenspiels zeigt den Sonnen- und Mondstand an, an ihr kann man die mitteleuropäische und die altböhmische Zeit, die von Sonnenuntergang bis Sonnenuntergang gemessen wurde, ablesen. Darunter folgt ein Kalendarium. Die Öl-Kupfer-Blätter, die ländliche Szenen zeigen, stammen von Josef Mánes, einem der bekanntesten tschechischen Maler des 19. Jhs.

Das * Altstädter Rathaus selbst ist kein einzelnes Gebäude, sondern eine ganze Häuserkette, die erst bei dem mit Sgraffiti verzierten Haus zur Minute endet. Der Stammsitz der Familie Wolflin, den König Johannes von Luxemburg den Bürgern der Altstadt 1338 geschenkt hatte, genügte den Bedürfnissen der ständig wachsenden Gemeinde bald nicht mehr. Deshalb kaufte sie zwei neue Gebäude hinzu. Im Lauf der Jahrhunderte kam es zu weiteren Ergänzungen.

Sehenswert sind der gotische Ratssaal sowie der Sitzungssaal, der 1879 ausgestaltet wurde. Hier hängen zwei gewaltige Gemälde des tschechischen Historienmalers Václav Brožík: „Jan Hus auf dem Konzil von Konstanz" sowie „Die Wahl Jiří z Poděbrads zum böhmischen König". Diese Wahl fand 1458 im Altstädter Rathaus statt. Heute dient das Gebäude dagegen nur mehr repräsentativen Zwecken, die Prager Stadtverwaltung zog zu Beginn dieses Jahrhunderts an den nahegelegenen Marienplatz um.

Dort befindet sich auch der Haupteingang zum Clementinum ❺, dem zweitgrößten Gebäudekomplex der Hauptstadt. Bis zum 16. Jh. hatten 25 Häuser, drei Kirchen und ein Kloster auf dem fast zwei Hektar großen Gelände gestanden. Nach 1620 entstand auf der Fläche ein riesiges Jesuitenkolleg, in dem „ungläubigen" Tschechen der „wahre" Glaube gelehrt werden sollte.

Von Kaiser Ferdinand I. nach Prag geholt, gründete der Orden am Ufer der Moldau umfangreiche Bildungseinrichtungen. Deren Zweck war es, die protestantischen Böhmen in den Schoß der katholischen Kirche zurückzuführen. Auf einem der Innenhöfe verbrannte ein Pater 26 000 hussitische Bücher. Heute befindet sich im Clementinum die Nationalbibliothek der Tschechischen Republik.

Die Josephstadt

An der Nordostseite des Altstädter Rings, direkt neben dem strahlendweißen Bau der *St.-Niklas-Kirche,* stand das Geburtshaus von Franz Kafka. Heute erinnert eine erst vor wenigen Jahren angebrachte Büste an den berühmtesten Prager Schriftsteller; in

Franz Kafka

Die Prager deutsch–jüdische Literatur

„Es kafkat und brodelt, werfelt und kischt." Welche Bedeutung die deutsch-jüdische Literatur für Prag hatte, läßt sich wohl kaum besser auf einen Nenner bringen. Franz Kafka, Max Brod, Franz Werfel und Egon Erwin Kisch, sie alle gehörten zu einer Gruppe eng befreundeter Schriftsteller, die das literarische Leben der Metropole vor dem Ausbruch des Ersten Weltkriegs prägten. Warum entstand gerade in der Hauptstadt Böhmens eine deutsche Literatur, die bis heute zur Pflichtlektüre in den Schulen gehört, und warum waren fast alle Autoren des „Prager Kreises" Juden?

Für die außerordentliche Kreativität seiner Vertreter gibt es verschiedene Erklärungsversuche. Die einen sprechen von einem dreifachen Ghetto, in dem sich die Schriftsteller befunden hätten: Als Deutsche hätten sie nur wenig Kontakt zu Tschechen gehabt, als Juden seien sie von den Christen und als Intellektuelle vom „einfachen Volk" gemieden worden.

Andere verweisen darauf, daß die ersten Werke in einer Zeit entstanden, in der sich das „Mütterchen" Prag radikal wandelte und daß die Denker den Verlust der vertrauten Heimat fürchteten. Ende des vergangenen Jahrhunderts war die alte Josephstadt abgerissen geworden. Dadurch war ein unwiederbringliches Stück jüdischer Kultur verschwunden. Sie mögen auch geahnt haben, daß das politische Gefüge Europas sich bald entscheidend verändern und Prag dann zur Hauptstadt eines selbstständigen Staates werden würde. Manch einer ging so schon vor dem Ausbruch des Ersten Weltkriegs nach Berlin oder Wien. Andere suchten an Ort und Stelle nach einer neuen „Heimat": Werfel wandte sich dem Katholizismus zu, Brod wurde zum Zionisten.

Das Ende der Prager deutsch-jüdischen Literatur kam mit der Errichtung des Protektorats Böhmen und Mähren 1939. Jetzt mußten die Schriftsteller auf der Flucht vor den Nazis die Stadt verlassen. Franz Werfel floh in die USA, Max Brod nach Tel Aviv, Egon Erwin Kisch nach Mexiko.

Nur Franz Kafka mußte nicht erleben, daß seine surrealistischen Visionen Realität wurden. Er war am 3. Juni 1924 an Kehlkopftuberkulose gestorben. Sein Grab befindet sich auf dem jüdischen Friedhof in Prag-Žižkov.

der kommunistischen Tschechoslowakei hatte man dagegen versucht, den Juden mit dem pessimistischen Weltblick aus der Geschichte zu verbannen.

Das Gebäude bildete die Grenze zum ehemaligen Ghetto, dessen Areal schon im 11. Jh. von Juden besiedelt war. „Wir gehen hinter den Draht", so sagten die Prager, wenn sie im vergangenen Jahrhundert das Viertel besuchten. Ein Zaun teilte damals noch Juden und Christen, bis Franz Joseph I. 1849 der Isolation offiziell ein Ende setzte.

Die Stadt hinter dem Draht gibt es nicht mehr. Erhalten blieben nur sechs Synagogen, der Alte Jüdische Friedhof sowie das jüdische Rathaus. Das älteste der Gotteshäuser ist die **Altneusynagoge ❻** in der Červená-Gasse, sie entstand zwischen 1270 und 1290. Zwei achteckige Säulen teilen den Hauptraum in zwei Schiffe. Eine solche Gliederung war in mittelalterlichen Synagogen üblich, da man einen Flügel für die Regelung der Gemeindeangelegenheiten und auch als Schule verwendete. Beachtenswert ist das Tympanon im Vorraum: Der Weinstock steht für die zwölf Stämme Israels. Hier befindet sich auch der Zugang zur *Frauengalerie*. Da die weiblichen Gläubigen bei den orthodoxen Juden als unrein galten, durften sie den Gottesdienst nur durch schmale Fensterchen verfolgen.

Die Synagoge ist das älteste mitteleuropäische Gotteshaus, in dem noch Zeremonien stattfinden. In den letzten vierzig Jahren war es für die rund 800 Mitglieder zählende jüdische Gemeinde Prags nicht immer einfach, zehn Männer zum Gebet zu versammeln. Seit der Revolution wird das Gemeindeleben aber wieder lebendiger. Viele bereits erwachsene Juden lassen sich nun beschneiden. Im benachbarten Rathaus gibt es ein koscheres *Restaurant*.

Die längste Grabinschrift der Welt befindet sich in der *Pinkassynagoge. Die Namen von über 77 000 Juden aus Böhmen und Mähren, die in den Konzentrationslagern der Nationalso-

zialisten umgebracht wurden, sind hier verzeichnet.

Der verstorbenen Mitgliedern der jüdischen Gemeinde gedenkt man auch auf dem *** **Alten Jüdischen Friedhof**, den man durch den Hof der Pinkassynagoge erreicht. Zwischen 1439 und 1787 wurde hier beerdigt, über 100 000 Menschen liegen unter den Holunderbäumen. Da das Ghetto und damit auch der Friedhof nicht erweitert werden durften, wurden die Leichname in zwölf Schichten übereinander bestattet, wobei immer neue Erde aufgeschüttet wurde. 12 000 Grabsteine drängen sich auf engstem Raum. Viele gehören zu Gräbern der unteren Schichten, durch das Absinken des Grundes wurden sie erneut sichtbar.

Die hebräischen Inschriften und die Bilder der Grabsteine erzählen vom Leben der Dahingegangenen. Tiere symbolisieren ihre Namen, Instrumente – wie eine Schere oder eine Pinzette – ihre Berufe. Auf dem Friedhof begraben liegt auch der Oberrabbi Löw. Er soll der Legende nach den Golem, einen tönernen Menschen, mit Zaubersprüchen zum Leben erweckt haben. Im neogotischen *Zeremonienhaus* sind Zeichnungen von Kindern aus dem Konzentrationslager Theresienstadt (s. S. 64) ausgestellt.

Auf die Kleinseite

Einer der schönsten *Brückentürme* Europas erhebt sich auf der Altstadtseite über der ** **Karlsbrücke ❼**. In der zweiten Hälfte des 14. Jhs. nach Plänen des schwäbischen Architekten Peter Parler errichtet, zeigt die Westfront Statuen von Kaiser Karl IV. und seinem Sohn Václav. Die ebenfalls unter Parler erichtete Moldaubrücke verdankt ihren Ruhm nicht nur ihrem Alter, sondern auch den im 17. Jh. aufgestellten *Barockskulpturen*. Auch Johannes von Nepomuk, der Brückenheilige des katholischen Europa, hat einen Platz gefunden. König Václav IV. ließ ihn Ende des 14. Jhs. von der Brücke in die Moldau stürzen, da er – so die Legende – dem König nicht verraten wollte, was die Königin gebeichtet hatte.

Die Kleinseite ist die Stadt der Adelspaläste und Gärten. Der bekannteste der herrschaftlichen Wohnbauten gehörte dem kaiserlichen Feldherrn Albrecht von Waldstein, in den deutschsprachigen Ländern bekannter unter dem Namen Wallenstein (so nur bei Schiller). Über 20 Häuser ließ er abreißen, um noch während des Dreißigjährigen Krieges unterhalb des Hradschin die weitläufige Barockanlage des *Waldstein-Palais ❽ errichten zu lassen.

Als „Mutter" der Kleinseite gilt die barocke **St.-Niklas-Kirche ❾, schützend liegt ihre monumentale grüne Kuppel über dem Kleinseitner Ring. In der ersten Hälfte des 18. Jhs. im Auftrag der Jesuiten errichtet, ist sie das Prager Hauptwerk von Christoph und Kilian Ignaz Dientzenhofer. Das 1500 m² große Deckengemälde ist eines der größten Europas und illustriert die guten Taten des hl. Nikolaus. Die Macht der katholischen Kirche demonstrieren vier überlebensgroße Statuen der Kirchenlehrer an der Vierung: Mit ihren Bischofsstäben durchbohren sie den Hals des Ungläubigen.

Der Hradschin

Durch die steile Nerudagasse führt der Weg hinauf zum **Burgplatz ❿**, dem von Renaissance- und Barockpalästen umgebenen Zentrum der Burgstadt. Hier ist auch der von zwei *Kämpfenden Giganten* bewachte Haupteingang zur ***Prager Burg**. Durch das Matthiastor von 1604 erreicht man den zweiten Burghof, der sich seit dem Umbau durch Nikolaus von Pacassi im 18. Jh. in einem streng barocken, fast schon klassizistischem Gewand präsentiert. Bereits im 10. Jh. befand sich hier der Fürstensitz der Přemysliden. Damals standen auf dem Bergrücken über der Moldau nur einige wenige, aus Stein und Lehm errichtete Häuser. Die Reste der ältesten Kirche auf dem Areal

Die Karlsbrücke verbindet die Altstadt mit der Kleinseite

Den Alten Jüdischen Friedhof gibt es seit dem 15. Jahrhundert

Der Hradschin, die Prager Burg, mit dem St.-Veits-Dom im Zentrum

(9. Jh.) kann man in den Räumen der *Burggalerie* besichtigen.

Wer die beiden Westtürme des **★★St.-Veits-Doms** ❶ hinaufblickt, wird die Bauzeit dieser Kathedrale ins 14. Jh. und in die Epoche der Gotik legen. Tatsächlich wurde das Hauptschiff jedoch erst 1929 fertiggestellt. Allein der Chor und der Südturm entstanden zwischen 1344 und 1420, danach verhinderten die Hussitenkriege die Vollendung.

Karl IV. ließ im 14. Jh. in der Kirche Reliquien des frühchristlichen Märtyrers Veit (Vitus) bewahren, das Bauwerk sollte die Grabstätte der böhmischen Könige werden. Erster Architekt war der aus Frankreich stammende Matthias von Arras, ihm folgte Peter Parler, der die ursprünglichen Baupläne entscheidend veränderte. Zentraler Punkt war nun nicht mehr der Hochaltar, sondern die *Wenzelskapelle,* die sich über der 925 vollendeten St.-Veits-Rotunde erhebt. Hier liegt der böhmische Landesheilige begraben.

Auf dem dritten Burghof, neben der von Parler geschaffenen *Goldenen Pforte* der Kathedrale, befindet sich der Eingang zum **★★Königspalast** ❷. Architektonisch bedeutend ist der am Ende des 15. Jhs. nach Plänen von Benedikt Ried entstandene *Wladislawsaal.* Mit einem Sterngewölbe geschmückt, doch bereits ohne gotische Maßwerkfenster, steht der weite Raum an der Schwelle zur Renaissance. Historisch Interessierte werden den *Ludwigsflügel* aufsuchen. Hier fand am 23. Mai 1618 der Zweite Prager Fenstersturz statt (s. S. 14).

Älteste erhaltene Kirche des Hradschin ist die 920 gegründete **★St.-Georgs-Basilika** ❸, die im 12. Jh. ihr heutiges Aussehen erhielt. An das Gotteshaus schließt sich das **St.-Georgs-Kloster** mit einer hervorragenden Ausstellung böhmischer Tafelmalerei an. Größter Anziehungspunkt für die meisten Besucher ist jedoch das **★★Goldene Gäßchen** ❹ aus dem 16. Jh. Der Legende nach lebten in den winzigen Häuschen

Alchemisten, die versuchten, für Kaiser Rudolf II. Gold herzustellen.

Praktische Hinweise

❶ **PIS,** Staroměstské nám. 22, ☎ (02) 24 21 28 44.

⌂ Hotels

Hilton, Pobřezní 1, ☎ 24 84 11 11, 🖷 24 81 18 96. Jüngste Luxusherberge mit schöner Atriumhalle, Schwimmbad und Fitneßzentrum. ⑤⟩⟩
Palace, Panská 12, ☎ 24 09 31 11. Gepflegtes Haus in unmittelbarer Nähe des Wenzelsplatzes. ⑤⟩
Paříž, U Obecního domu 1, ☎ 24 22 21 51, 🖷 24 22 12 40. Traditionsreiches Jugendstilhotel. ⑤⟩
U tří pštrosů, Dražického nám. 12/76, ☎ 24 51 07 79, 🖷 24 22 54 75. Klein, aber beliebt. Besticht nicht nur durch die Lage an der Karlsbrücke. ⑤⟩⟩
U Blaženky, U Blaženky 1, ☎ 24 51 10 54, 🖷 24 51 07 83. Neoklassizistisches Hotel bei der Mozartvilla Bertramka. Außerhalb des Zentrums in Smíchov gelegen. ⑤⟩

⌂ Restaurants

U Mucha, Melantrichova 5, ☎ 26 35 86. Sehr schönes Jugendstilrestaurant, böhmische Küche mit französischem Einschlag. ⑤⟩
Valdštejnská hospoda, Tomášská 16, ☎ 53 61 95. Böhmische Gerichte, auch Wildspezialitäten, in traditionsreichem Haus nahe dem Kleinseitner Ring. ⑤⟩
U Lorety, Loretánské nám. 8, ☎ 24 51 01 91. In der Burgstadt bei der Loreto-Wallfahrtsstätte. ⑤⟩
U svatého Tomáše, Letenská 12. Seit 1352 wird in der ehemaligen Klosterbrauerei dunkles Bier gebraut. ⑤

Ausflüge

28 km südwestlich von Prag liegt auf einem Kalksteinfelsen über der Berounka die **Burg Karlštejn** *(Karlstein).* Sie wurde zwischen 1348 und 1357 während der Regentschaft Karls IV. er-

richtet. Hinter ihren starken Mauern wurden in Kriegszeiten die Kroninsignien des deutschen Kaisers und böhmischen Königs aufbewahrt.

In den Räumen des *Kaiserpalastes* sind Modelle der ehemaligen Einrichtung zu sehen. Die *Marienkirche* im gleichnamigen Turm birgt Wandmalereien aus dem 14. Jh. Die *Kreuzkapelle* im südlichen *Großen Turm,* von Peter Parler als Gegenstück zur Wenzelskapelle im St.-Veits-Dom konzipiert, wird seit zehn Jahren renoviert. 1997 soll sie wieder zugänglich sein.

Uneinnehmbare Burg: Karlštejn

Viel besucht wird auch **Schloß Konopiště** *(Konopischt),* 40 km südöstlich Prags. Die gotische Burg wurde im 17. Jh. durch einen Renaissancepalast erweitert. Im 19. Jh. gehörte sie dem österreichischen Thronfolger Franz Ferdinand I., der 1914 in Sarajevo einem Attentat erlag. Die Trophäen des fanatischen Jägers sind hier ausgestellt.

Die andere Seite des Hradschin: das Goldene Gäßchen

Mozarts Prag

Am 14. Dezember 1791 wurde in der St.-Niklas-Kirche am Kleinseitner Ring ein Requiem für Wolfgang Amadeus Mozart gegeben. Neun Tage zuvor war er in Wien gestorben. Doch während er in der österreichischen Hauptstadt achtlos in einem Armengrab beigesetzt wurde, erwiesen ihm in Prag 120 Sänger die letzte Ehre.

„Meine Prager, die verstehen mich", so hatte der Komponist gesagt, nachdem seine Oper „Figaros Hochzeit" nach der eher blamablen Premiere in Wien im Prager Ständetheater zu einem fulminanten Erfolg geworden war. Und nur zu gern erzählte er, wie er bei seinem ersten Besuch in der Moldaumetropole am Vyšehrader Stadttor einem Bäckerjungen begegnete, der eine Melodie aus dem „Figaro" pfiff.

Diese Anerkennung der Prager wurde belohnt. Mozart schrieb für das Ständetheater in der Železná die „Oper aller Opern": „Don Giovanni". Für die Prager Adelsfamilie Pachta verfaßte er die „Sechs deutschen Tänze". Eine aus Wien mitgebrachte Komposition erhielt den Namen „Prager Symphonie".

Wenn der Meister in der Stadt war, wohnte er gewöhnlich im Gasthaus „Zu den drei goldenen Löwen" am Uhelný trh, oder in der Villa Bertramka, dem Stadtpalais des Ehepaars Dušek. Heute beherbergt das Gebäude an der Mozartova ulice im Stadtteil Smíchov ein Museum, das an den genialen Komponisten erinnert. Man sieht hier u. a. ein Klavier und ein Cembalo, an denen er während seiner Aufenthalte in Prag komponierte.

**Brno (Brünn)

Die Hügelstadt der Kelten

Für die Österreicher ist Brno
(390 000 Einw.) eine Vorstadt von
Wien, für die Prager ein großes Dorf.
Nur für die Brünner selbst ist ihre
Stadt eine Metropole: Das Paris
Mährens nennen sie sie. Eine Über-
treibung, gewiß. Doch Brno ist tatsächlich ein Zentrum der Musik und
der Kunst, eine Stadt der Kirchen und
der Klöster: Leoš Janáček (1854 bis
1928) arbeitete hier als Dirigent der
Philharmonischen Gesellschaft. Die
Reduta am Zelny trh zählt zu den
ältesten Theatern Mitteleuropas.
Kapuziner, Dominikaner, Augustiner
und Jesuiten ließen sich nieder. Zugleich ist die mährische Hauptstadt
jedoch auch ein Industrie- und Mes-
sezentrum. Bereits 1839 wurde hier
die erste Eisenbahnstrecke der böhmischen Länder eröffnet, die von Brno
nach Břeclav und weiter nach Wien
führte. Die verkehrsgünstige Lage,
etwa auf halber Strecke zwischen
Prag und Bratislava, führte 1926 zur
Errichtung eines Ausstellungsgelän-
des, das auch in den Jahren der Plan-
wirtschaft ständig erweitert wurde.

Der Übergang zur Marktwirtschaft hat
in Brno dagegen bisher vergleichsweise
wenige Spuren hinterlassen. Von einst
prächtigen Gründerzeithäusern brök-
kelt der Putz, und was in der Landes-
hauptstadt bereits in den achtziger
Jahren vollendet wurde, nimmt man in
in Brno erst langsam in Angriff: die
Renovierung der Burg. In der Tschechoslowakei genossen Prag und Bratislava den Vorzug, das Zentrum Mährens kam da erst an dritter Stelle. Und
auch heute tut sich da die Regierung
schwer, einen Teil der Macht an regionale Stellen abzutreten. Alle wichtigen

Ämter finden sich an der Moldau, allein das Verfassungsgericht hat seinen
Sitz in Brno.

Einen kurzen Augenblick lang gehörte
die Aufmerksamkeit der politischen
Öffentlichkeit Europas jedoch der mährischen Hauptstadt: Im August 1992
wurde in der von Ludwig Mies van der
Rohe errichteten Villa Tugendhat (Čer-
nopolní 45) das Ende der Tschechoslowakei besiegelt.

Daß Brno hinter anderen Städten des
Landes zurückstehen muß, hat Tradition. Bis in die Mitte des 17. Jhs. war
das nördliche Olomouc die Hauptstadt
Mährens. Im 9. Jh., in der Zeit des
Großmährischen Reiches, befanden sich
die bedeutendsten Burgstätten der Slawen weiter südlich.

Die Geschichte des Ortes ist dagegen
älter als diejenige Prags. Sie beginnt
bereits gegen 400 v. Chr. Damals gründeten die Kelten am Fuß der Böhmisch-
Mährischen Höhe eine Siedlung, der sie
die Bezeichnung Bryn gaben. Ebenso
wie das slawische „brdo“ bedeutet es
Hügel, womit die älteste Burgstätte der
Stadt, der Petrov (Petersberg), gemeint
sein könnte.

Eine rein slawische Siedlung blieb Brno
freilich nur wenige Jahrhunderte, bereits im 12. Jh. ließen sich hier die ersten Siedler aus dem Westen nieder. Bis
ins 19. Jh. blieb es eine mehrheitlich
deutsche Stadt.

Im Unterschied zu den meisten böhmischen Städten war der Ort zudem eine
kaisertreue, katholische Gemeinde. Die
Hussiten belagerten ihn erfolglos 1428
und 1430, die Schweden 1645. An den
mächtigen Befestigungswällen schei-
terten aber 1663 auch die Türken und
1742 die Preußen. Nachdem Napoleon I. die Bedeutung der Verteidigungs-
anlagen erkannt hatte, ließ er sie 1809
schleifen. Die Stadtmauern wurden jedoch erst 1860 abgetragen, heute verläuft an ihrer Stelle eine von Parkanlagen gesäumte Ringstraße. Erhalten
blieb allein das östliche Měnín-Tor.

Zentraler und größter Platz der Stadt ist der dreieckige *Náměstí Svobody *(Freiheitsplatz),* der frühere **Untere Markt** ❶. In seiner Mitte stand an der Stelle der heutigen Straßenbahnstation bis 1870 die St.-Niklas-Kirche aus dem ersten Viertel des 13. Jhs. Der Platz gehört somit zu den ältesten bewohnten Gebieten Brnos. Davon ist heute freilich nur noch wenig zu sehen. Aus den dreißiger Jahren unseres Jahrhunderts stammt hingegen das Gebäude der **Mährischen Bank,** im Jugendstil wurde das **Hotel Evropa** errichtet. Auch dieses hat jedoch eine moderne Seitenwand. Die Brünner erzählen sich, daß die ursprüngliche Fassade zerstört wurde, als ein im Hotel wohnendes Liebespaar sich selbst in die Luft sprengte.

Als „Beispiel für die Geschmacklosigkeit" des ausgehenden 19. Jhs. galt den modernen Architekten der Zwischenkriegszeit das historistische Haus „Zu den vier Karyatiden". Bei der Bevölkerung waren die überlebensgroßen Sta-

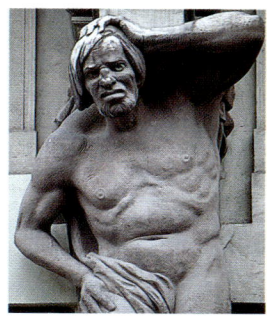

Fassadenschmuck in Brno

❶ Unterer Markt
❷ St.-Jakobs-Kirche
❸ Dominikanerplatz
❹ Altes Rathaus
❺ Krautmarkt
❻ Kapuzinerplatz
❼ Kirche St. Peter und Paul
❽ Špilberk
❾ Augustinerkloster
❿ Messegelände

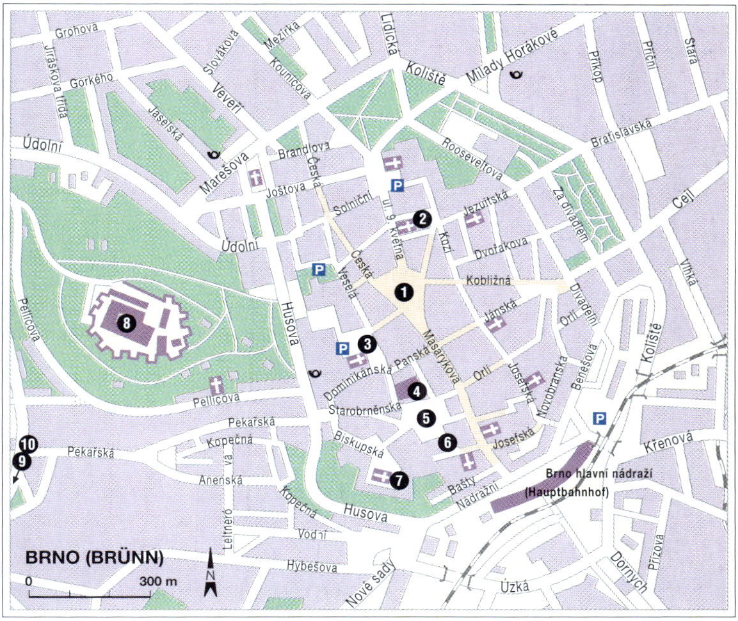

BRNO (BRÜNN)

0   300 m

tuen an der Fassade jedoch beliebt, ähnliche Schmuckelemente finden sich an vielen Bürgerhäusern der Stadt.

Eine barocke Enklave des Freiheitsplatzes bilden die Häuser nahe der Straße *Kobližná*. Im selben Stil wurde die **Mariensäule** (1680) errichtet, in ihrem Umkreis gibt es ein paar nette Straßencafés. Beachtenswert ist weiter das Renaissancehaus an der Südwestecke. Das mit überaus detailgenauen Steinmetzarbeiten geschmückte Palais schenkte der Gemeinderat 1645 Raduit de Souches. Unter seiner Führung war es gelungen, die Belagerung der feindlichen Schweden abzuwehren. Das Grabmal des berühmten Franzosen findet sich in der **St.-Jakobs-Kirche ❷**.

Vom Freiheitsplatz sind es nur wenige Schritte bis zum etwas höher gelegenen **Dominikánské náměstí** *(Dominikanerplatz)* ❸. Hier steht neben der barocken *Dominikanerkirche St. Michael* das in seiner heutigen Gestalt aus dem 18. Jh. stammende Gebäude des früheren Landtags, das heutige *Neue Rathaus*. Die Stadtverwaltung hat hier seit 1935 ihren Hauptsitz.

Im ** **Alten Rathaus ❹** von 1311 in der Radnická finden dagegen seit einigen Jahren Konzerte und Theateraufführungen statt. Einen prächtigen Anblick bieten die aus der Mitte des 16. Jhs. stammende Loggia des Innenhofs und der Rathausturm. Schöpfer des gotischen *Hauptportals* (1510) war der Brünner Anton Pilgram, der spätere Baumeister des Wiener Stephansdoms. Angeblich ärgerte er sich über das karge Gehalt, das ihm die Stadtväter zugestanden hatten, und ließ daher die mittlere Fiale – über der Statue der Gerechtigkeit – mit einem Knick enden.

Mit vielen Geschichten verbunden sind auch die beiden Attraktionen im Durchgang des Rathauses, das *Brünner Rad* und der *Brünner Drache*. Letzterer, so heißt es, habe sich im Stadtgebiet niedergelassen und die Bürger in Angst und Schrecken versetzt. Rettung brachte ein Maurergeselle, der dem wilden

Tier einen Sack voll ungelöschten Kalks als Köder vorwarf. Zuvor hatte er diesen in die Haut einer frisch geschlachteten Ziege genäht. Das wilde Ungetier fraß; als er seinen Durst mit Wasser löschte, brachte der zugleich gelöschte Kalk seinen Körper zum Platzen.

Tatsächlich jedoch war der Brünner Drache ein Alligator, den venezianische Schausteller zu Beginn des 17. Jhs. Erzherzog Matthias geschenkt hatten.

Etwas jünger ist das Rad, das ein junger Schreinergeselle aufgrund einer Wette in nur einem Tag hergestellt und aus dem vierzig Kilometer entfernten Lednice hergerollt haben soll.

Die Rathausgasse mündet auf den * **Zelny trh ❺**, dessen deutscher Name *Krautmarkt* lautete. Seit Jahrhunderten findet auf der Freifläche an jedem Werktag ein Gemüse- und Geflügelmarkt statt, und auch heute noch kann man hier frisch gebratene Hähnchen erstehen. Im Zentrum steht der *Parnaßbrunnen* (1693–1695), eine Arbeit des berühmten Wiener Barockkünstlers Johann Bernhard Fischer von Erlach. Die Figurengruppe mutet eher romantisch an: Zwischen wilden Felsenformationen wimmeln die verschiedensten Tiergestalten, Herkules kämpft mit dem Höllenhund Zerberus.

Auf dem sich anschließenden **Kapucínské náměstí** *(Kapuzinerplatz)* ❻ steht das schlichte **Kapuzinerkloster** mit der * *Kapuzinergruft*. „Was Ihr seid, waren auch wir einmal. Was wir sind, werdet ihr werden", so steht es auf zwei Tafeln im größten Begräbnisraum. Die Leichname von 16 Mönchen liegen hier, ohne Sarg, mit zwei Ziegelsteinen unter dem Kopf, ganz so, wie es den Regeln des Ordens entsprach. Trotz ihres hohen Alters sind die Körper nicht skelettiert, sondern Mumien. Dank des einmaligen Belüftungssystems der Gruft trockneten sie aus und wurden vor der Verwesung bewahrt. Selbst das Kreuz, das einer der Mönche zu einem Jubiläum erhielt, ist erhalten geblieben.

Beerdigt wurde in der Kapuzinergruft auch Franz Freiherr von der Trenck (1711 bis 1749). Der Offizier, der in der österreichischen Armee eine Einheit von 1000 Strafgefangenen führte, wurde wegen „Übertretung der Vorschriften" zu lebenslanger Freiheitsstrafe auf dem Brünner Špilberk (s. S. 38) verurteilt. Die dortigen Haftbedingungen setzten ihm allerdings derart zu, daß er bereits nach zwei Jahren entkräftet entlassen wurde und wenig später starb. Zuvor jedoch hatte er einen Großteil seines Vermögens den Kapuzinern geschenkt – auch deshalb fand der Pandurenoberst in ihrer Gruft seine letzte Ruhestätte.

Im benachbarten **Mährischen Landesmuseum** ist das wertvollste Ausstellungsstück die ****„Venus von Věstonice"**. Über 25 000 Jahre zählt diese künstlerisch bearbeitete Statue aus feuergehärtetem Ton, es ist die älteste Keramikarbeit der Welt (s. S. 84).

Vom Zelny trh führt eine Gasse zum Hügel Petrov und zur ****Kirche St. Peter und Paul ❼**. Ursprünglich befand sich hier eine Burgstätte. Im 11. Jh. entstand dann eine romanische Basilika, die im 15. Jh. gotisch umgestaltet wurde. Der heutige Bau erhielt seine neogotische Gestalt in den Jahren 1904 bis 1911. Er ist eine Rekonstruktion des Doms, der im Dreißigjährigen Krieg von den Schweden zerstört wurde. An der nördlichen Seitenwand ist noch die *Außenkanzel*, von der der bekannte Reformgegner Johannes von Capestrano 1450 predigte. Vom österreichischen

Den Hügel Petrov beherrscht der Dom St. Peter und Paul

Die Barockfestung Špilberk geht auf das 13. Jahrhundert zurück

Mährische Frauen

Im Innern der Burg Špilberk

Barockmaler Martin Johann Schmidt, dem „Kremser Schmidt", stammen die „Hl. Barbara" und „Johannes der Täufer" im Kircheninneren, in der anschließenden Seitenkapelle steht eine Madonnenstatue aus dem 14. Jh.

Westlich des Zentrums erhebt sich der zweite Brünner Burgberg, der 56 m hohe ****Špilberk ❽**. König Přemysl Otakar II. ließ im 13. Jh. eine frühgotische Anlage errichten, die im 17. Jh in eine barocke Festung umgebaut wurde. Ihre – heute öffentlich zugänglichen – Kasematten dienten zwischen 1621 und 1855 den Habsburgern als Staatsgefängnis, im Zweiten Weltkrieg wurden von der Gestapo hier Widerstandskämpfer und andere „Staatsfeinde" inhaftiert.

Über die Haftbedingungen in den dunklen und feuchten Zellen gibt es viele Schauergeschichten, die meisten sind historisch jedoch nicht zu belegen. So heißt es, daß ehebrüchige Frauen auf Felspodeste gestellt wurden und man über ihren Köpfen immer neue Kübel voll Wasser ausgoß. Oder auch, daß Kaiser Joseph II. sich eine Stunde in eine Zelle für Lebenslängliche sperren ließ und danach jede weitere Verwendung des Kellers untersagte.

Wer die Altstadt nach Südwesten verläßt und den Schildern mit der Aufschrift „BVV" folgt, stößt südlich des Špilberks auf ein gotisches Backsteingebäude: Im ehemaligen **Augustinerkloster ❾** unternahm der Mönch Johann Gregor Mendel Mitte des 19. Jhs. seine ersten Kreuzungsversuche an Erbsen und Bohnen, deren Ergebnisse zu den Grundlagen der Genetik zählen.

Wenige hundert Meter weiter erreicht man das in einem Bogen des Flusses Svratka gelegene *Messegelände* **Brněnské veletrhy a výstavy ❿**. Auf 76 ha bietet es mehr als 100 000 m² Ausstellungsfläche. Die bis heute modern wirkenden funktionalistischen und konstruktivistischen Pavillons sowie der 45 m hohe *Glasturm* wurden für die „Erste Ausstellung der zeitgenössischen tschechoslowakischen Kunst" errichtet. Sie fand 1928 zum zehnten Jahrestag der Gründung der Tschechoslowakei statt. Bedeutendste Veranstaltung ist die Maschinenbaumesse im Herbst, daneben gibt es neben vielem anderem auch eine interessante Lebensmittel- und eine Automobilausstellung. Auf dem Gelände befindet sich auch das *Velodrom,* eine ovale Radrennbahn.

❶ Kapucínské nám. 14,
☎ (05) 35 44 66.

ⓗ **Hotels**
Holiday Inn, Křížkovského 20,
☎ 43 12 21 11, 🖷 41 15 90 81.
Beim Messegelände. Ⓢ⟩⟩
International, Husová 16,
☎ 42 12 11 11, 🖷 42 21 08 43.
Zwischen Altstadt und Špilberk mit einem der besten Restaurants der Stadt. Ⓢ⟩⟩
Pegas, Jakubská 4, ☎ 42 21 01 04.
Kleines, frisch renoviertes Haus mit gemütlicher Bier- und Weinstube. Ⓢ

ⓡ **Restaurants**
Reduta, Kapucínské nám. 9.
Sehr gute Weine aus Znojmo, südmährische Küche. Ⓢ
U modré hvězdy, Starobrněnská 20.
Im Gewölbekeller einer ehemaligen Brauerei. Ⓢ
Stopkova pivnice, Česká 5. Einfaches, aber typisches Lokal mit tschechischer Küche. Ⓢ

Ausflug

Rund 40 km nordwestlich von Brno liegt auf einem Felsvorsprung die ***Burg Pernštejn** *(Pernstein)* aus dem 16. Jh. Einst war sie Sitz eines der einflußreichsten Adelsgeschlechter im ganzen Land. Da die als uneinnehmbar geltende gotische Befestigungsanlage tatsächlich nie zerstört wurde, drehten in- und ausländische Fernsehgesellschaften hier viele Märchenfilme. Die Innenräume sind unverändert geblieben und können heute besichtigt werden.

Route 1

Dichte Wälder und dunkle Seen: Im Böhmerwald

* Plzeň (Pilsen) – ** Domažlice (Taus) – Železná Ruda (Markt Eisenstein) – * Klatovy (Klattau) – Sušice (Schüttenhofen) – Strakonice (Strakonitz) – ** Prachatice (Prachatitz) – Vyšší Brod (Hohenfurt) (390 km)

Der Böhmerwald ist anders. Anders als das aus „nacktem Gestein aufgetürmte Riesengebirge" und auch anders als das „sanfte und nüchterne Erzgebirge". Er ist „tief und zottig". So beschrieb der Schriftsteller Karel Čapek das Massiv, das sich in einer Länge von 140 km zwischen dem nordwestlichen Chodenland und der Stadt Vyšší Brod im Südosten hinzieht. In der Landessprache trägt es den Namen „Šumava", „šumet" heißt so viel wie „rauschen". Die deutsche Bezeichnung leitet sich dagegen von „Behaime Walt" ab, zum ersten Mal taucht sie bereits in einer Chronik vom Anfang des 12. Jhs. auf. Schon damals ließen die böhmischen Herren hier ihr Land gegen deutsche Übergriffe verteidigen.

Es sind nicht nur die tiefen Wälder, die die Region zum vielleicht beliebtesten Urlaubsziel der Tschechen machen. Einzigartig sind auch die Ebenen, die sich in einer Höhe von 1000–1100 m zwischen den nur wenig höheren Berggipfeln ausdehnen. Die sumpfige Landschaft ist ein wichtiges natürliches Wasserreservoir des Landes, hier entspringt auch die Moldau. Die Flüsse des Höhenzugs wurden bei Lipno zum größten See

In Volary gibt es zahlreiche Holzhäuser im alpenländischen Stil

Rüstiger Böhmerwald-Bauer

In Südböhmen wurde die Moldau zum Lipon-See aufgestaut

1

des Landes aufgestaut. Dieses „Südböhmische Meer" ist halb so groß wie der bayerische Chiemsee.

Zusammen mit dem sich im Südwesten anschließenden Bayerischen Wald bildet der Böhmerwald das größte geschlossene Waldgebiet Mitteleuropas. Geplant ist, beide Bereiche zu einem länderübergreifenden Naturpark zu verbinden. Wer dem Südwesten der Tschechischen Republik mehr als nur eine Stippvisite abstatten möchte, sollte für diese Route eine Woche einplanen.

90 km südwestlich von *Prag* (s. S. 24) liegt

* **Plzeň** (*Pilsen;* 175 000 Einw.), die zweitgrößte Stadt Böhmens – und eine der bedeutendsten Bierstädte der Welt. Rund 190 l Bier rinnen – statistisch gesehen – jedes Jahr durch die Kehlen ihrer Bewohner, mehr schaffen selbst die Münchner nicht.

Seit 1842 wird im „Bürgerlichen Brauhaus" das Plzeňský Prazdroj, das Pilsner Urquell, „gekocht". Bis heute hören es die Tschechen freilich nicht gern, daß der erste Braumeister kein Einheimischer, sondern ein Vilshofner war. Dagegen beruht die Qualität des dunkelgelben Getränks ganz und gar auf den Standortvorteilen: Entscheidend sind der würzige Hopfen aus *Žatec (Saaz),* das weiche Wasser der sumpfigen Umgebung und die mikroklimatischen Bedingungen in den 9 km langen Gärkellern. Selbst wenn das Urquell heute in die ganze Welt exportiert wird: Am besten schmeckt es in der Gaststube der Brauerei.

Einen guten Überblick über die Geschichte der örtlichen Bierherstellung bietet das * *Brauereimuseum,* das in einem mittelalterlichen Malzhaus in der Veleslavínova ulice 6, drei Gehminuten nordöstlich des Marktplatzes untergebracht ist (⊙ tgl. außer Mo 10–18, Di erst ab 13 Uhr). Der Eingang zu den *Gärkellern* befindet sich in der Perlová ulice.

ROUTEN 1-3

0   20 km

ÖSTERREICH

Es waren jedoch nicht Hopfen und Malz, sondern Steinkohle und Eisenerz, die Plzeň zu einer der wichtigsten Industriestädte des Landes machten. In der Mitte der 19. Jhs. kaufte die tschechische Familie Škoda die kleine Metallwarenfabrik Arnold von Waldsteins und machte sie innerhalb von wenigen Jahrzehnten zur Rüstungsschmiede des Habsburgerreiches. Ihre Produkte wußten auch Nationalsozialisten und Kommunisten zu schätzen. Heute stellt das in eine Aktiengesellschaft umgewandelte Unternehmen vor allem Ausrüstung für Kernkraftwerke her.

Die Geschichte Plzeňs beginnt im 13. Jh., als die Handelswege, die von Nürnberg und Regensburg nach Prag führten, an Bedeutung gewannen. Die damals von Václav II. ins Land geholten bayerischen Kaufleute legten die Stadt planmäßig an, bis heute ist die strenge Schachbrettbebauung des Zentrums erhalten geblieben.

In der Mitte der Altstadt ließen die Siedler zwei Blöcke frei, hier entstand der größte * Marktplatz Böhmens, hier wurde der höchste Kirchturm des ganzen Landes errichtet. 139 mal 193 m mißt die Freifläche, 103 m der Turm – das Wahrzeichen Plzeňs.

Mit der Errichtung der * St.-Bartholomäus-Kirche wurde bereits 1297 begonnen, fertiggestellt wurde der dreischiffige Hallenbau jedoch erst nach den Hussitenkriegen 1476. Das wertvollste Kunstwerk der Stadt steht im Inneren des Gotteshauses: Die „Pilsner Madonna", eine um 1390 gefertigte Tonschieferstatue. Unendlich weich sind ihre Gesichtszüge, weiche Falten wirft auch ihr Kleid – ein herausragendes Beispiel böhmischer Bildhauerkunst im sogenannten Schönen Stil.

Als eine der wenigen Städte Böhmens war Pilsen katholisch und kaisertreu, als Dank hierfür erhielt sie von Papst Paul II. im 16. Jh. das Recht, ihr Stadtwappen um zwei Schlüssel und einen Ritter zu erweitern. Ein besonders schönes Exemplar des Signums ist am

* Rathaus (16. Jh.) am Marktplatz zu sehen, interessant sind aber auch die anderen zwischen 1908 und 1912 entstandenen Sgraffiti. Das im Stil der böhmischen Renaissance errichtete Gebäude ist verbunden mit dem Kaiserhaus, in dem Rudolf II. 1599 neun Monate lang residierte. Die Pest hatte den deutschen Monarchen aus Prag vertrieben.

❶ Čedok, Prešovská 10, 30321 Plzeň, ☎ (0 19) 7 23 74 19, 📠 7 22 37 03.

🏨 **Panorama,** V lomech 11, ☎ 53 43 23. Sehr schön etwas außerhalb der Stadt an einem kleinen See gelegen. Ⓢ
Central, nám. Republiky 33, ☎ 22 67 57. Bestickt durch seine Lage direkt am Marktplatz, hat allerdings den realen Sozialismus noch nicht recht überwunden. Ⓢ

🍴 **Moravská vinárna,** Bezručova 2. Mährische Weine. Ⓢ
Prazdroj, U Prazdroje 1. Das Brauereigasthaus liegt an der Straße nach Prag. Ⓢ

Auch in früheren Jahrhunderten war Plzeň eine wichtige Durchgangsstation auf dem Weg von Bayern nach Prag. Eine der beiden mittelalterlichen Handelsstraßen über Pilsen führte in westlicher Richtung durch den Oberpfälzer Wald nach Nürnberg, die zweite südwestlich davon über das **Chodenland** nach Regensburg.

Der hier ansässige slawische Stamm verdankt seinen Namen der Grenzlage: Das tschechische Verb „chodit" heißt „gehen", die Choden waren von den Přemysliden um 1040 mit der Bewachung – der „Begehung" – der böhmisch-bayerischen Grenze beauftragt worden. Da sie diese Aufgabe vorbildlich erfüllten, durften sie einen Hundekopf als Zeichen für Treue und Wachsamkeit in ihr Wappen aufnehmen.

Der Stamm der „Hundsköpfe" hat über all die Zeit seinen eigenen Dialekt und sein eigenes Brauchtum erhalten. Noch heute findet jedes Jahr Mitte August in **Domažlice** (*Taus;* 12 000 Einw.), 60 km, das traditionelle Chodenfest statt. Dann backen die Frauen große, runde, mit Sahne und Zwetschgenmus bestrichene Kuchen, die Männer aber holen ihren Dudelsack aus dem Schrank: Oft werden sie als die böhmischen Schotten bezeichnet.

Vom freien Leben der nur dem König verpflichteten Grenzwächter erzählt eine Ausstellung auf der *Chodenburg* von Domažlice. Ebenso wie alle anderen bedeutenden Bauten der Stadt entstand sie wenige Jahre nach der Stadtgründung 1260, im 14. Jh. trat hier der Ständetag zusammen. Die Ära der Unabhängigkeit fand jedoch bereits im Dreißigjährigen Krieg ihr Ende. Da sie die aufständischen Protestanten unterstützten, verloren die Choden ihre Privilegien.

Heute findet man eine hübsche Provinzstadt vor, die am Wochenende das Ziel vieler bayerischer Ausflügler ist. Rund um den langgestreckten *Marktplatz stehen *Laubenhäuser* aus vier Jahrhunderten. Die barocke *Kirche Maria Geburt* wurde 1747 nach Plänen von Kilian Ignaz Dientzenhofer errichtet.

ⓘ Čedok, nám. Míru 129, 34435 Domažlice, ☎ (01 89) 27 13.

ⓗ Prom–Hotel Praha, ☎ 9 32 51. Direkt an einem See im Ferienort Babylon kurz vor der deutschen Grenze. $

ⓡ U Schneiderů, Břetislavova 99. $
Ural, nám. Míru 134. $
Zwei einfache Lokale mit sowohl tschechischer als auch internationaler Küche.

Kurz vor der deutsch-tschechischen Grenze bei *Folmava* (Furth im Wald) biegt die Landstraße 190 nach **Železná Ruda** (*Markt Eisenstein;* 1500 Einw.), 120 km, ab. Die Strecke führt durch einen der schönsten Teile des Böhmerwalds, das Feriendorf ist einer der wichtigsten Standorte für Wanderer in dieser Region. 10 km sind es über die tschechisch-deutsche Grenze bis zum

Biermetropole im Südwesten des Landes: Plzeň

Die „Pilsner Madonna" in der Bartholomäuskirche

Liebevoll restaurierte Laubenhäuser in Domažlice

1

Großen Arber (1456 m), der höchsten Erhebung des Bayerischen Waldes. Einer der höchsten Berge des Böhmerwalds ist mit 1214 m der ** *Pancíř (Panzer)*, von hier aus kann man bei gutem Wetter bis zu den Alpen sehen. Nur wenige Meter niedriger ist der *Špičák* (Spitzberg), ein beliebtes Wintersportzentrum mit mehreren Skiliften.

Vom *Spitzbergsattel* (1000 m) führt eine fast einstündige Wanderung zu den beiden bekanntesten Gletscherseen des Gebirges: Der * *Čertovo jezero (Teufelssee)* ist 11 ha groß und 35 m tief, der * *Černé jezero (Schwarzer See)* hat eine Fläche von 18 ha und erreicht eine Tiefe von bis zu 40 m. An beiden Gewässern herrscht (meist) eine unendliche Stille, keine Straße führt hierher.

❶ **Šumava tour,** 34004 Železná Ruda, ☏ (01 86) 9 71 32.

Ⓗ **Skalka,** in der Nähe des Zentrums von Železná Ruda, ☏ 9 72 33. Ⓢ **Berghotel Horizont,** im Erholungsgebiet Špičák, ☏ 9 72 01. Ⓢ

Ⓡ **U Záhořů,** Belverderská 118. Ⓢ **U Princů,** Klatovska 140. Ⓢ Zwei sehr einfache Lokale in Železná Ruda mit tschechischer Küche.

Während Železná Ruda das südliche Tor zum Böhmerwald ist, bietet * **Klatovy** (*Klattau;* 23 000 Einw.), 160 km, den Zugang von Norden her.

Da die heutige Industriestadt stets das Zentrum Südwestböhmens war, ist mit ihrem Namen eine Reihe tschechischer Intellektueller verbunden. Der Slawist Josef Dobrovský besuchte hier im 18. Jh., der Dichter Jaroslav Vrchlický im 19. Jh. das Jesuitenseminar.

Die * Krypta der *Jesuitenkirche* (17. Jh.) ist heute eine der meistbesuchten Sehenswürdigkeiten der Stadt: Hier blieben 200 mumifizierte Leichen von Ordensbrüdern, Adeligen und Bürgern „gut erhalten". Wer Lust auf noch mehr Gänsehaut hat, besuche das Hinterzimmer der Apotheke „*U bílého jednorožce*": In Glasfläschchen werden

hier konservierte Kinderdärme aufbewahrt. Das Haus mit seinen schönen spiralförmigen Holzsäulen entstand im 17. Jh. und wurde von der UNESCO unter Denkmalschutz gestellt (Ⓒ Mai bis Okt. 8–16 Uhr).

Neben der zweitürmigen Jesuitenkirche mit ihrem schönen Portal steht das *Alte Rathaus* aus dem 16. Jh. Sein 76 m hoher * *Schwarzer Turm* findet sein Pendant im freistehenden * *Weißen Turm,* letzterer wurde 1581 fertiggestellt und gehört zur gotischen *Dekanatskirche*.

❶ **Čedok,** Denisová 93, 33901 Klatovy, ☏ (01 86) 2 21 62, 📠 2 04 52.

Ⓗ **Central,** Masarykova 300, ☏ 2 00 49. Das Hotel im Stadtzentrum wurde 1929 errichtet und 1994 stilgerecht renoviert. Ⓢ **Klatovský dragoun,** Balbínova 89, ☏ 2 40 88. In stilvoll restauriertem 600 Jahre altem Gebäude. Ⓢ

Ⓡ **Beseda,** nám. Mírů. Traditionsreiches Gasthaus neben der Jesuitenkirche. Ⓢ

Ihren Lebensunterhalt, so könnte man annehmen, haben die Menschen im Böhmerwald vor allem in der Holz- und Landwirtschaft verdient. Bereits im 12. Jh. kam jedoch eine weitaus wichtigere Verdienstmöglichkeit hinzu. Damals wurde in den Bächen und Flüssen der Täler Gold entdeckt, unzählige Abenteurer kamen nach Südböhmen.

Mit der Goldgewinnung eng verbunden ist die Geschichte der Stadt **Sušice** (*Schüttenhofen;* 11 000 Einw.), 189 km. Während des ganzen Mittelalters wurde hier geschürft. Hohe – inzwischen mit Büschen bewachsene – Sandhaufen am Ufer der *Otava* zeugen noch heute davon. Und auch als die Vorkommen schon lange erschöpft waren, lebten die Geschichten über verborgene Goldadern weiter. Berggeister, so hieß es, würden eines Tages alle Armen mit Reichtum überhäufen. Statt dessen brannte Sušice im Jahr 1707 nieder, danach wandten sich seine Bewohner ausgerechnet der Herstellung von

Zündhölzern zu. Im 1880 gegründeten *Böhmerwaldmuseum*, einem wunderschönen Renaissancegebäude am Marktplatz, ist daher auch eine Streichholzschachtelsammlung zu sehen. Weitere Abteilungen widmen sich der Geschichte des Bergbaus und des Handels im Böhmerwald.

❶ nám. Svobody 33, Sušice, ☎ (01 87) 65 60, 🖶 3 42 42.

🏨 Pension Volšovka, Volšovy 42, ☎ 80 96. Ⓢ

🍴 Fialka. Restaurant und Weinstube im Hotel am Marktplatz. Ⓢ

Nicht nur die wichtigste, sondern auch die höchste Bergbaustadt war **Kašperské hory** (740 m; 2000 Einw.), 205 km, deren deutscher Name *Bergreichenstein* noch an die ehemalige Bedeutung erinnert. Fast 40 Goldgruben waren hier in Betrieb. Bewacht wurde die einträgliche Gegend von der weithin sichtbaren *Grenzfeste Reichenstein*. Sie wurde im 14. Jh. von Kaiser Karl IV.

Im Böhmerwald

Adalbert Stifter

Adalbert Stifter

Literaturkritiker, die Adalbert Stifter günstig gesonnen sind, bezeichnen ihn als einen Autor, der es verstand, die großen Gefühle der Romantik zum Ausdruck zu bringen. Weniger Wohlmeinende sprechen dagegen herablassend von einem Schriftsteller der engen Welt des Biedermeier. Sicher jedoch ist, daß der von beruflichen und privaten Beziehungen enttäuschte Stifter seine Erfüllung in der Natur und ihren „sanften Gesetzen" suchte. Und obwohl er den Großteil seines Lebens in Österreich verbrachte, wandte er sich sowohl in seinen Bildern als auch in seinen Erzählungen meist seiner alten Heimat, dem Böhmerwald, zu.

Stifters vielleicht bekannteste Novelle beschreibt den „Hochwald", der Roman „Witiko" widmet sich den Gründern von Český Krumlov.

1805 wurde Stifter als Sohn eines Webers in Horní Planá geboren, hier verbrachte er regelmäßig seine Ferien. Sein Geburtshaus ist heute ein Museum, dort beginnt der 6,5 km lange „Stifterweg" mit Infotafeln zum Leben des Dichters und zur Natur des Böhmerwalds.

Eine Gedenkstätte für den Dichter wurde auf einem 220 m hohen Felsen über dem Plöckensteinsee bereits im Jahr 1876 eingerichtet. Die Inschrift lautet: „Lieg in hohes Gras gestrekket / schau sehnend nach der Felswand / Auf diesem Anger, an diesem Wasser / ist der Herzschlag des Waldes." Im Jahre 1868 hatte der schwer erkrankte Dichter seinem Leben selbst ein Ende gesetzt. Der dunkle See war einer der liebsten Orte Adalbert Stifters gewesen.

gegründet, erhalten sind zwei Türme und Reste des Palastes. Noch ein Jahrhundert älter sind die Wandmalereien in * St. Niklas. Die dreischiffige gotische Friedhofskirche, die vor 1330 errichtet wurde, ist eines der ältesten erhaltenen Bauwerke des Böhmerwaldes.

Der Ort ist ein guter Ausgangspunkt für Ausflüge in das * Tal der Vydra. Im schmalen Bett des Gebirgsflusses finden sich seltsame Felsformationen, es gehört zu den eindrucksvollsten Naturdenkmälern der Tschechischen Republik. Der bei uns nahezu unbekannte Wasserlauf – und nicht etwa die bei der „Toten Wiese" entspringende Moldau – soll Bedřich Smetana 1867 zu seiner bekanntesten Komposition inspiriert haben. Ein Freund schrieb: „Hier entstand die Idee für ‚Die Moldau', dort wurde sie geboren. Smetana lauschte dem lieblichen poetischen Gesang der sich vereinigenden Wasser . . . lange saß er dort in Verzückung."

Ein Naturschutzgebiet ist auch das wenige Kilometer weiter südlich liegende **Hochmoor von Kvilda**. Bis zu 8 m dick ist die Decke des Sumpfes, auf einem Lehrpfad kann man hier die drei Hauptarten von Moorformationen kennenlernen. Die Vegetationszeit dauert in einer Höhe von 1050 m nur 100 Tage. Es finden sich jedoch alle Pflanzenarten, die für Moore des Böhmerwaldes typisch sind, so z. B. die Zwergbirke.

Dort, wo das Flüßchen Volyňka in die Otava mündet, liegt **Strakonice** (*Strakonitz;* 24 000 Einw.), 240 km. Von den unzähligen Burgen und Burgruinen Südböhmens ist die hiesige Festung sicher eine der sehenswertesten. Bavor I. ließ den romanischen * Alten Palas im ersten Viertel des 13. Jhs. errichten, nur wenige Jahre später schenkte er ihn jedoch den Johannitern. Sie machten den Ort zum Hauptsitz ihres Ordens in Böhmen. Zu Beginn des 14. Jhs. wurde dann die ursprünglich ebenfalls romanische * St.-Prokop-Kirche gotisch erneuert, aus dieser Zeit stammen auch die Wandmalereien des Kreuzgangs.

Den *Neuen Palas* (1260–1280) kann man sich auch von innen ansehen. Er beherbergt ein Museum, das den Themen Archäologie, Kunst und Technik gewidmet ist.

🏠 **Bavor,** Na ohradě 31,
☎ (03 24) 2 35 67. Neues zehnstöckiges Hotel, hier ist auch das Essen nicht schlecht. Ⓢ

🏠 **U Papeže,** am Marktplatz.
Neu eröffnet. Ⓢ

In vielen Gemeinden zwischen Strakonice und Prachatice, vor allem aber um das kleine Städtchen **Volyně,** stößt man noch auf die traditionellen Holzhäuser, wenn sie auch manchmal modernisiert wurden. Traditionell, das heißt: Die Dächer und oft auch die Außenwände sind mit Schindeln bedeckt, die Fugen mit Moos ausgestopft, mit Lehm bestrichen und geweißt. Immer wieder wurden Gutshäuser und Wirtschaftsgebäude „freihändig" mit Stuck verziert, die Arbeiten sind dem südböhmischen Bauernbarock zuzuordnen. Andere Beispiele für diesen Stil findet man häufig in Giebelnischen, gemeint sind die hölzernen oder steinernen Figuren von Schutzheiligen. Am häufigsten sind Bildnisse des hl. Florian, des Patrons der Feuerwehrleute: Er wird mit einem Wasserkübel dargestellt.

Die Gegend rund um ** Prachatice (*Prachatitz;* 11 000 Einw.), 313 km, gehörte einst zu den reichsten des Böhmerwaldes. Die Via aurea, der Goldene Steig, endete hier: Vom rund 100 km entfernten Passau wurde vor allem Salz nach Böhmen gebracht. Schon im 10. Jh. zog einmal wöchentlich eine Maultierkarawane durch die Wälder.

Die Handelswege waren einst schmale Fußpfade, die man stellenweise gepflastert hatte. Geschützt wurde die wichtige Strecke von mächtigen Burgen. Eine davon steht in *Vimperk,* die im 13. Jh. entstandene Anlage wurde allerdings im 16., 18. und 19. Jh. umgebaut.

Doch nicht nur dem Salzhandel, sondern vor allem einem Stadtbrand im

1

Seite 41

Jahr 1507 „verdankt" Prachatice sein heutiges Aussehen. An der Stelle der vorher gotischen Bebauung entstanden damals Renaissancehäuser, die wie in keiner anderen Stadt Böhmens reich mit Sgraffiti verziert wurden. Das *Alte Rathaus am Marktplatz (1571) zeigt biblische und antike Szenen, die Malereien wurden nach Motiven von Hans Holbein ausgeführt. Am Marktplatz steht auch das *Rumpálův dům* (Nr. 45), das einstige Salzlager, sowie die *Lateinschule* (Nr. 29), die der im benachbarten Dorf Husinec geborene Jan Hus besuchte. Erhalten blieb auch die gotische *Dekanatskirche*.

❶ **Čedok,** Zvolenská 30, 38301 Prachatice, ☎ (03 38) 2 25 31, 🖷 2 18 64.

🏠 **Zlatá Stezka,** Velké nám. 46, ☎ 2 38 70. Direkt am Hauptplatz mit gutem Restaurant. Ⓢ

🏠 **Černý medvěd,** am Marktplatz. Traditionelle tschechische Küche. Ⓢ **Morávská vinárna,** ebenfalls am Marktplatz. Gute mährische Weine. Ⓢ

Prachatice und Vimperk sind Ausgangsort für Ausflüge in den *Boubín, einen Urwald rund um den 1362 m hohen *Kubany*. Schon 1858 wurde er zum Naturschutzgebiet erklärt. Die ältesten Bäume des grünen „Dschungels" sind 300–400 Jahre alt. Ein bißchen wie in Tirol fühlt man sich in **Volary** (*Wallern;* 4000 Einw.), 331 km. Siedler aus den österreichischen Alpen kamen im 15. Jh. in den Böhmerwald. Sie bauten hier die für ihre Heimat typischen Holzhäuser mit ihren breiten Balkonen und einem kunstvollem Schnitzwerk. 15 km südlich von Volary liegt im Dreiländereck zwischen Deutschland, der Tschechischen Republik und Österreich ein ungemein lohnendes Ausflugsziel: der **Plöckenstein** *(Plechý)* mit dem gleichnamigen See. Der höchste Berg des Böhmerwaldes mißt 1378 m, das schönste Gewässer, tiefschwarz, überragt von Felsen und von Tannen gesäumt, ist 7,5 ha groß und bis zu 18 m tief. Schöne Aussichten bieten sich auf dem **Bärenpfad,** einem etwa

Blick auf das Kloster in Vyšší Brod

Geschnitzter Balkon in Volary

Burg Vimperk schützte im Mittelalter eine wichtige Salzstraße

Seite 41

7 km langen Gebirgsweg, der über den *Bärenstein* führt. 1856 wurde hier der letzte Bär des Böhmerwaldes erlegt.

Geeigneter Ausgangsort für Wanderungen in der Region ist die Ortschaft **Jelení**. Bei dem Dorf blieb auch ein Denkmal besonderer Art erhalten: 419 m lang ist der Tunnel, der Anfang des 19. Jhs. als Teil des Schwarzenberg-Kanals gegraben wurde. Die engen und kurvigen Flußläufe hatten die Arbeit der Flößer, die das Holz des Böhmerwaldes nach Prag oder Linz beförderten, gefährlich gemacht. Daher beschloß man, eine künstliche Wasserstraße zu bauen, die Moldau und Donau verbinden sollte. Rund 40 km wurden fertiggestellt, damals eine technische Meisterleistung. Der Abschnitt wurde bis 1962 genutzt. Die Vereinfachung des Transports führte freilich dazu, daß sich die Ausbeutung des Waldes vervielfachte. Das ökologische Gleichgewicht der Šumava wurde erheblich gestört, Buchen und Eichen verschwanden, und auf den kahlgeschlagenen Flächen pflanzte man schnellwachsende Fichten und Kiefern.

———

Eine technische Meisterleistung des 20. Jhs. ist der ****Lipno–Stausee** *(Lipenská přehrada)*. Das Wasser der jungen Moldau wird seit den fünfziger Jahren auf einer Länge von 44 und einer Breite von bis zu 4 km aufgestaut. Mit seinen kleinen Buchten bietet es eine Uferlänge von 150 km. Da das dazugehörende Kraftwerk tief unter der Erde liegt, entwickelte sich das Gewässer zum größten Erholungszentrum Südböhmens. Die Gegend ist ein Mekka für Surfer und Segler, aber auch Angler kommen hier auf ihre Kosten. Wichtigster Ferienort neben *Lipno*, ist *Černá v Pošumaví (Schwarzbach;* 500 Einw.), 360 km.

❶ Rexstar, Jiráskova 170, 38226 Horní Planá, ☎ (03 37) 9 73 30.

🏠 **Swing,** Černá v Pošumaví, ☎ 9 62 94. Eigener Strand und Bootsvermietung. ⑤

Lesní pension, Kobylnice bei Frymburk, ☎ 95 81 92. Mit Kinderspielplatz und Tennisplätzen. ⑤

⚠ **U Lískovců,** Frymburk, ☎ 9 52 83. ⑤

Černá, Černá v Pošumaví, ☎ 9 61 25. ⑤

🏠 **Šumava,** Jiráskova 217, Horní Planá. Tschechische Spezialitäten. ⑤

Dieser äußerste Teil Südböhmens befand sich im Mittelalter unter der Herrschaft einer einzigen Adelsfamilie: der Rosenbergs. Sie stifteten das Zisterzienserkloster von Vyšší Brod und das Städtchen Frymburk, ihnen gehörten Prachatice, Vimperk und Český Krumlov. Zeichen des Geschlechts ist eine fünfblättrige Rose, Stammsitz war der Ort **Rožmberk nad Vltavou** *(Rosenberg;* 300 Einw.), 6 km nordöstlich von Vyšší Brod. Von der aus dem 13. Jh. stammenden *Oberen Burg* ist nur noch ein schlanker *Wehrturm* erhalten. Im 16. Jh. wurde sie bei einem Brand zerstört, wenige Jahrzehnte später ging die Herrschaft der Rosenbergs zu Ende.

Die *Gruft* der Adelsfamilie befindet sich im *Kloster* von **Vyšší Brod** *(Hohenfurt;* 2800 Einw.), 390 km. Die ursprünglich gotische Anlage wurde später vor allem durch die 70 000 Bände zählende Bibliothek und den Gemäldezyklus des Meisters von Hohenfurt bekannt. Die aus dem 14. Jh. stammenden Tafelbilder befinden sich heute zwar in Prag. Für das Kloster wurde jedoch eine sehr gute Kopie der ** Hohenfurter Madonna,* eines der bedeutendsten Werke der böhmischen Tafelmalerei, angefertigt.

🏠 **Vzlet,** 38273 Vyšší Brod, ☎ (03 37) 9 26 69. Sehr einfach. ⑤

4 km nordwestlich von Vyšší Brod ragt am hier oft fast wasserlosen Flußbett der Moldau die eindrucksvolle ***Teufelswand** auf, die Smetana 1882 zur gleichnamigen Oper inspiriert hat.

Karlsbad – an den Hang
über der Teplá schmiegen sich
Hotels und Pensionen

Route 2

2

Seite
40

Sprudel und Kolonnaden: Die westböhmischen Bäder

*Cheb (Eger) – **Mariánské Lázně (Marienbad) – **Karlovy Vary (Karlsbad) – *Jáchymov (St. Joachimsthal) – Boží Dar (Gottesgab) (138 km)

Karlsbad und Marienbad – zwei Namen genügen, um die Erinnerung an die Tradition der westböhmischen Bäder wachzurufen. Schon Kaiser Karl IV., so will es die Sage, soll bei der Jagd die erste Quelle entdeckt haben. Das war 1348. Die erste ärztliche Beschreibung der heilenden Wasser erschien 1522, wenige Jahrzehnte später gab es in Karlsbad bereits an die 200 Badehäuser. Im 18. und 19. Jh. entwickelten sich die beiden Städte dann zu einem exklusiven Treffpunkt des europäischen Adels. Angelockt von unzähligen Heilquellen, kamen Schriftsteller und Komponisten, Politiker und Industrielle. Goethe, Schiller und Gogol, Beethoven, Bach und Brahms, Karl Marx und Bismarck weilten in Böhmen.

Seit der Revolution 1989 versucht man nun, den alten Glanz wiederherzustellen. Das Karlsbader Grandhotel erhielt den Namen seines ehemaligen Besitzers Pupp zurück. Spielkasinos rühren eifrig die Werbetrommel und in Karlsbad und Marienbad wurden zwei Golfplätze angelegt.

Wer es lieber etwas ruhiger mag, fährt nordwärts, ins Erzgebirge. Inmitten von dicht bewaldeten Hügeln liegt Jáchymov. Hier hat sich seit dem vergangenen Jahrhundert kaum etwas verändert. Drei Tage sind schon nötig, um von der Bäderecke im westlichen Böhmen einen Eindruck zu bekommen.

Von der deutsch-tschechischen Grenze bei Schirnding sind es nur wenige Kilometer bis *Cheb (Eger; 32 000 Einw.). Die Nähe zum westlichen Nachbarn ist der Stadt anzusehen. Rund um den schönen Marktplatz sind unzählige neue Cafés und Restaurants entstanden, Gäste aus Marktredwitz und Waldsassen geben sich hier an den Wochenenden die Klinke in die Hand. Mit dem bayerischen Nachbarn ist Chebsko, das Egerland, in der Euroregion Egrensis verbunden. Eine jahrhundertealte Zusammenarbeit wurde so wiederbelebt. Die Gegend gehörte bis zum 14. Jh. zum Heiligen Römischen Reich Deutscher Nation, danach verpfändete sie Ludwig der Bayer an Böhmen. Heute kümmert man sich dies- und jenseits des Flusses Eger (Ohře) gemeinsam um den Umweltschutz und organisiert zusammen Ausstellungen. Selbst die Feuerwehren versuchen, ihre Einsätze zu koordinieren.

Besucht werden in Cheb aber nicht nur die Restaurants, sondern auch das Museum am Marktplatz, das mit der Geschichte des Orts bekannt macht. Im ehemaligen Stadthaus wurde am 25. Februar 1634 Albrecht von Waldstein ermordet. Wenige hundert Meter entfernt sammelte Schiller rund 150 Jahre später Material für seine Trilogie über den Feldherrn; das Haus, in dem er dies tat, trägt heute seinen Namen. Das *Stöckl (Špalíček) ist eine Gruppe von elf schmalen Häuschen, die den Marktplatz teilt. Entstanden sind sie im 13. Jh., früher wohnten hier jüdische Kaufleute.

Einen schönen Blick auf die Stadt und ihre Umgebung hat man von der Kaiserpfalz. Die in weiten Teilen zerstörte Burg liegt auf einem Felsen über der Eger. Vollständig erhalten blieb lediglich die zweistöckige romanische Burgkapelle (1179–1188). Das obere elegante Geschoß war dem Kaiser und seinem Gefolge vorbehalten, während im schwerfälligeren Parterre die Bediensteten dem Gottesdienst folgen durften.

❶ Čedok, Májová 31, Cheb,
☎ (01 66) 3 39 51.
⌂ **Hvězda,** nám. krále Jiřího,
☎ 2 25 49. Direkt am Hauptplatz. Ⓢ
⌂ **Zlatá Slunce** und **Valdštejn.**
Beide am Marktplatz, gute Lokale
mit tschechischer Küche. Ⓢ
Hubert, 9. května 25. Fisch und
Wildspezialitäten. Ⓢ

Das kleinste der drei großen westböhmischen Bäder ist **Františkovy Lázně**
(*Franzensbad;* 5200 Einw.), 5 km. Mit
Karlsbad und Marienbad bildet es das
sogenannte Bäderdreieck, das vom Naturschutzgebiet *Kaiserwald (Slavkovský les)* umschlossen wird. Der Ort hat
nur einen kleinen, im 18. und 19. Jh.
entstandenen Stadtkern. Mit seinen
weitläufigen *Parkanlagen* wirkt er mehr
wie ein städtisches Villenviertel. Das
häufigste Ausflugsziel der Kurgäste ist

*Der berühmteste Gast
im Bäderdreieck war Johann
Wolfgang von Goethe*

2

Seite 40

Auf den Spuren Goethes

„Weimar, Karlsbad und Rom sind die
einzigen Orte, wo ich leben möchte", so
schrieb Johann Wolfgang von Goethe
1812 an Wilhelm von Humboldt. Zwischen 1785 und 1823 besuchte der
Schriftsteller das westböhmische Bad
13mal. Ganz besonders angetan war
er vom gesellschaftlichen Leben der
Stadt. Denn solange die Zahl der Badegäste noch gering war, fühlte man sich
hier aufgehoben wie in einer großen
Familie.

Der Adel frühstückte gemeinsam,
nachmittags wurde Theater gespielt,
am Abend traf sich das internationale
Publikum zu Souper und Tanz. In einem
Brief an Schiller meint der Dichter:
„Man könnte hundert Meilen reisen
und würde nicht so vielen Menschen so
nahe sein."

Im August 1821, bei einem Besuch in
Marienbad, begegnete Goethe der
19jährigen Baronin Ulrike von Levetzow. Aus der väterlichen Zuneigung des
über 70jährigen entwickelte sich schon

bald eine leidenschaftliche Liebe. Er bat
die junge Frau, ihn zu heiraten, wurde
aber abgewiesen. Seine damaligen Gefühle brachte der Feingeist 1823 in der
„Marienbader Elegie" zum Ausdruck.
Danach kam er nie wieder nach Böhmen.

Auf seinen Spuren kann man jedoch bis
heute wandeln: In Karlovy Vary steht
am **„Goetheweg" (Goethova stezka)**
eine Büste des Dichters. Der **„Gogolweg"** führt über den Dreikreuzberg zur
„Goethewarte". Von dem 30 m hohen
Aussichtsturm hat man einen prachtvollen Blick.

In Loket feierte Goethe am 28. August
1823 mit Ulrike von Levetzow seinen
74. Geburtstag. Hieran erinnert eine
Gedenktafel am Gasthof „Zum weißen
Roß" (U bílého koně). Am Marienbader
Goetheplatz steht das Haus, in dem der
gealterte Liebhaber 1823 wohnte. Es
dient heute als Stadtmuseum, die Einrichtung von Goethes damaligem Zimmer blieb erhalten.

Seite 40

2

Amerika. So heißen ein rund 2 km westlich liegender See, der ihn umgebende Waldpark und das Restaurant an seinem Ufer.

❶ **Čedok,** Národní 11, 35101 Františkovy Lázně, ☎ ☎ (01 66) 94 22 10.

🏨 **Kurhotel Monti,** Kolárova 170, ☎ 94 29 02, ☎ 94 23 87. Luxushotel im Zentrum. Ⓢ⟩⟩
Sanatorium Imperial. Geheimtip für anspruchsvolle Kurgäste, über die deutschen, österreichischen oder Schweizer Auslandsfilialen von Čedok (s. S. 22) buchen. Ⓢ⟩⟩
Slovan, Národní třída 5, ☎ 94 28 41, ☎ 94 28 43. Zentral gelegenes kleines Hotel. Ⓢ⟩

🏨 **Rybářská bašta,** Dvořákova sady. Ⓢ⟩
Zámeček, sady Míru. Ⓢ⟩.
Beide Restaurants liegen schön in den Parkanlagen.

Ein ständiges Pfeifen begrüßt die Besucher im Naturschutzgebiet **★★ Hájek** *(Soos).* 6 km nordöstlich von Františkovy Lázně, erstrecken sich insgesamt 10 km lange und 2 km breite Moorgründe. Etwas Vergleichbares findet sich sonst nirgends auf dem europäischen Festland. Sumpfvulkane (Mofetten) halten an vielen Stellen die blubbernde Masse in Bewegung. Durch die Spalten und Brüche der mächtigen Torfschicht brechen Kohlensäuregase, zwischen roten, gelben und weißen Salzablagerungen brodelt in kleinen Seen und Pfützen heißes Mineralwasser. Der Schlamm aus der Gegend wird für die Moorbäder genutzt, die der Gast in den Kurorten nehmen kann.

★★ Mariánské Lázně (*Marienbad;* 15 400 Einw.), 40 km, präsentiert sich in österreichischem „Schönbrunnergelb" – und im Einheitsstil des Historismus. Der Grund dafür: Obwohl die hiesigen Quellen schon im 14. Jh. bekannt waren, hatte man es lange Zeit nicht gewagt, auf dem sumpfigen Gelände zu bauen. Erst 1791 errichtete Josef Nehr neben dem Kreuzbrunnen das erste

Badehaus, der Arzt gilt als einer der Gründer des Kurorts. Zwischen 1830 und 1911 stieg die Besucherzahl von 1500 auf 35 000. Ein regelrechter Bauboom begann. Im Stil der Neorenaissance entstanden das *Neubad* und das *Kasino,* im Stil des Neobarock die meisten Badehäuser.

Rund um den *Kreuzbrunnen* befindet sich auch heute das Zentrum des Ortes, Haupttreffpunkt der Kurgäste ist die ★ **Brunnenhalle** und die sich anschließende ★ **Kolonnade.** 120 m lang ist diese Wandelhalle, in der man schon immer das neuste Gerücht der Stadt erfuhr. Ihre gußeisernen Streben wurden 1884–1889 in den Eisenhütten von Blansko bei Brno gegossen. Jüngste Attraktion Marienbads ist seit 1988 die *Singende Fontäne.* Ständig verändert der Brunnen seinen Strahl, zu jeder ungeraden Stunde werden die Wasserspiele von Musik begleitet. Gesteuert wird das Ganze von einem Computer.

❶ **Čedok,** Třebízského 2, 35370 Mariánské Lázně, ☎ (01 65) 25 00.

🏨 **Golf,** Zádub 55, ☎ 26 51, ☎ 26 55. Führendes Hotel, mit Golfplatz, 5 km vom Stadtzentrum entfernt. Ⓢ⟩⟩
Palace, Hlavní 67, ☎ 22 22, ☎ 42 62. Frisch renoviertes Haus aus dem 19. Jh. direkt an der Hauptkolonnade gelegen. Ⓢ⟩⟩
Pension Georg, Kollarová 311, ☎ 31 59. In einem ruhigen Villenviertel außerhalb des Zentrums. Ⓢ⟩

🏨 **Grand Casino Restaurace,** Reitenbergrová 95. Internationale Küche. Ⓢ⟩⟩
Česky dvůr, Hlavní 36. Restaurant und Café an der belebten Hauptstraße. Ⓢ⟩
Hodonínská vinárna, Postovní 195. Warme Küche bis spät in den Abend hinein. Ⓢ⟩

Etwas abseits der Hauptstrecke von Mariánské Lázně nach Karlovy Vary liegen Stadt und Kloster **Teplá** (*Tepl;* 2900 Einw.), 56 km. Dem hier ansässigen Prämonstratenserorden gehörte jahrhundertelang das Gebiet um Marienbad. In Fässern abgefüllt verkauften die Mönche die Heilwässer der dortigen Quellen in die großen Städte der Habsburgermonarchie.

Von der damaligen Bedeutung des Ortes zeugt die Größe des 1193 gegründeten * Stiftes. Fast scheint es, als sei die Zeit rund um die zweischiffige ursprünglich romanische Basilika stehengeblieben. Nur die tschechoslowakische Armee, die Teile der Anlage nach der Vertreibung der Mönche im Jahr 1950 als Kaserne verwendete, hat ihre Spuren hinterlassen. 1990 erhielten die Prämonstratenser das Kloster zurück – und machten sich an die Renovierungsarbeiten am barocken Komplex. Sehenswert ist vor allem die neobarocke Bibliothek mit ihren rund 100 000 Bänden. Ältestes Stück ist eine kostbare Handschrift aus dem 9. Jh.

** Karlovy Vary (Karlsbad; 56 000 Einwohner), 97 km – das ist heute nicht mehr nur der Kurort des europäischen Adels vergangener Jahrhunderte. Der Ort präsentiert sich vielmehr als ein seltsames Zusammenspiel von Tradition und Moderne: hölzerne Badehäuser und Stahlbetonkonstruktionen. Eklektizistische Villen und gläserne Brunnen. Heruntergekommene Vorstädte und ein glänzendes Zentrum. Und nicht zuletzt: Ein (immer noch) realsozialistischer Kurbetrieb und kapitalistische Vergnügungen.

So ließ der kommunistische Stadtrat 1975 um die älteste und mit 73 °C heißeste Karlsbader Quelle, den * Sprudel, die zentrale Juri-Gagarin-Kolonnade errichten. Mitten ins enge Tal der Teplá stellte man ein überdimensioniertes Kultur- und Badezentrum. Die unzähligen Pensionen und Hotels aus dem 19. Jh. stehen dagegen auf den steilen Hängen über dem Fluß. Hier oben ist es still und ein bißchen romantisch, das oft etwas aufgeregte Kurleben bleibt im Tal zurück.

Die Promenaden an der Teplá sind der Mittelpunkt des Orts. Schönste der Wandelhallen ist die * Mühlbrunnko-

Kuren auf die feine Art: die Glaubersprudelquelle in Franzensbad

In der Marienbader Kolonnade kann man bei jedem Wetter lustwandeln

Blickfang an einer Marienbader Fassade

Sprudelbecher aus der alten Zeit

2

Seite 40

lonnade, 1872–1881 im Stil der Neorenaissance errichtet. Zwölf allegorische Figuren symbolisieren die Monate, sie krönen die leicht vorspringenden Seitenflügel des endlos scheinenden Säulenganges. 132 m ist er lang. Auf dem nur wenige Schritte entfernten Freiheitsplatz steht die barocke *Maria-Magdalenen-Kirche*, ein 1733–1736 nach Plänen von Kilian Ignaz Dientzenhofer entstandener zweitürmiger Kuppelbau. Der Weg, den die meisten Flaneure wählen, führt weiter über den Marktplatz mit der hölzernen *Markt-kolonnade* und die Einkaufstraße *Alte Wiese*, wo man sich in einem der Cafés oder Restaurants niederlassen kann.

Der Spaziergang endet schließlich am *Grandhotel Pupp*, der berühmtesten und ältesten Nobelherberge der Stadt. 1775 erwarb der Zuckerbäcker Johann Georg Pupp den bereits 1726 errichteten „Böhmischen Saal" und machte das Haus zur ersten Adresse am Ort. Ein Essen in einem der Restaurants war auch zu sozialistischen Zeiten etwas Besonderes, damals trug das Hotel den Namen „Moskva". Angelockt wurden die Besucher freilich weniger von der Kunst der Köche als von der nostalgischen Atmosphäre – was sich bis heute nicht völlig geändert hat. Wer vor der nächsten Anwendung noch Zeit hat, schlägt den *Puschkinweg* ein. Hier erinnern unzählige Gedenktafeln an die illustren Besucher der Stadt.

Karlsbad ist nicht nur eine Kur-, sondern auch eine Industriestadt. Seit dem 18. Jh. werden hier Glas und Porzellan hergestellt. Zehn Autominuten vom Zentrum entfernt liegt auf dem Areal der Firma Moser das örtliche *Glasmuseum* (Třída kapt. Jaroše 19; ○ Mo–Fr 7.30–15.30 Uhr). Wichtige Erzeugnisse der einheimischen Produzenten sind außerdem *Karlsbader Oblaten* und der Kräuterlikör *Becherovka*. Das Rezept für den süßen Aperitif oder Digestif entwickelte im Jahr 1805 der Apotheker Josef Becher. In Karlsbad, so sagen die Tschechen, gibt es zwölf Heilquellen, der Becherovka ist die dreizehnte.

❶ Čedok, Moskevská 2, 36039 Karlovy Vary, ☎ (0 17) 2 29 94, 🖶 2 22 26.

🏨 Grandhotel Pupp, Mírové nám. 2, ☎ 20 96 31. Restaurants. ⑤⟩⟩
Patria, Vřídelní 5, ☎ 2 20 10, 🖶 24 03 32. Gegenüber der Mühlbrunnkolonnade; einige Zimmer für Rollstuhlfahrer. ⑤

🍴 Toskana, Slovenská ulice. Für den, der eine Abwechslung von der tschechischen Küche sucht: neues, sehr gutes italienisches Restaurant. ⑤⟩⟩
Petr, Vřídelní 14. Im schönen alten Kurhaus gegenüber der Mühlbrunnkolonnade. ⑤
Vinárna Karel IV., Zámecký vrch 2. Weinstube beim Schloßturm. ⑤

Lohnend ist ein Abstecher nach **Loket** (*Elbogen;* 3000 Einw.), 13 km südwestlich von Karlovy Vary, das schon Goethe gerne besuchte. Auf einem Granitfelsen über dem Fluß Eger wurde zur Sicherung der böhmischen Westgrenze bereits Ende des 12. Jhs. eine mächtige *Burg* errichtet. Erhalten blieben auch die Reste einer romanischen *Rotunde*.

Die Kleinstadt *Jáchymov (St. Joachimsthal;* 2700 Einw.), 133 km, ist für die Tschechen mehr als nur ein Kurort. Mit ihr verbindet sich eines der dunkelsten Kapitel der Nachkriegsgeschichte. In den fünfziger Jahren entstanden hier Lager für politische Gefangene. Die Insassen mußten in den Uranbergwerken der Stadt arbeiten, viele von ihnen starben dabei. Der Name des Ortes ist eng mit der Entdeckung der Radioaktivität verbunden. 1896 stellte der französische Physiker Antoine Becquerel fest, daß die Steine der Umgebung Strahlen aussandten. Wenige Jahre später gelang es dem Ehepaar Pierre und Marie Curie, aus der hiesigen Pechblende das Element Radium zu isolieren, ein Zerfallsprodukt des Urans. Seit Beginn des 20. Jhs. werden die radiumhaltigen Quellen zur Heilung von Nervenkrankheiten eingesetzt – die Stadt war der erste „radioaktive" Kurort der Welt.

Doch Jáchymov verfügte noch über eine weitere Quelle des Reichtums. Im 16. Jh. stieß man auf große Silbervorkommen, die die Siedlung binnen kurzer Zeit zu einer königlichen Bergstadt machten. Der hier geprägte Silbergulden, der „Joachimsthaler", gab dem Taler und auch dem Dollar den Namen.

Das historische Zentrum rings um die spätgotische *St.-Joachims-Kirche* liegt im Norden der Stadt, die Kureinrichtungen befinden sich in ihrem Südteil.

Von hier führt eine Drahtseilbahn auf den 1244 m hohen *Klínovec (Keilberg),* den höchsten Gipfel des Erzgebirges. Wenige Kilometer nördlich erreicht man auch die höchstgelegene Stadt des Landes: **Boží Dar** (*Gottesgab;* 138 km), 1028 m über dem Meeresspiegel und nahe der deutschen Grenze, ist ein beliebtes Ausflugsziel für viele Sachsen.

Das Grandhotel Pupp in Karlsbad ist prächtig ausgestattet

Eine der zwölf Karlsbader Quellen

Heilende Wasser

An Wochenenden kommen sie mit Kanistern und Plastikflaschen: Tschechen aus der näheren Umgebung, die das heilende Wasser der westböhmischen Quellen abfüllen und mit nach Hause nehmen. Das bekannteste Mineralwasser des ganzen Landes ist heute das „Matoni" aus Karlovy Vary, doch bereits in früheren Jahrhunderten wurde das wohltätige Naß der Quellen ins ganze Land verschickt. Weit über die Grenzen Westböhmens hinaus bekannt war z.B. der „Säuerling" aus Cheb und das Glaubersalzquellwasser aus Franzensbad. Das Abführmittel trägt seinen Namen nach dem Apotheker Johann Rudolf Glauber.

Zu ebenfalls verdauungsförderndem „Karlsbader Salz" verarbeitet wird der „Sprudel", ein Liter enthält 6,5 g Mineralstoffe. Allerdings war es nicht von Anfang an üblich, die heilenden Wasser so zu sich zu nehmen. Man badete statt dessen im Wasser der bis zu 73 °C heißen Quellen. Die Moorerde wird dagegen erst seit dem 19. Jh. für die heute so beliebten Schlammbäder verwendet.

Gegenwärtig werden in den westböhmischen Bädern mit ihren über fünfzig verschiedenen Quellen vor allem Erkrankungen der inneren Organe, aber auch Nerven- und Rheumaleiden behandelt. Františkovy Lázně ist ein Kurort für Frauenleiden, im kleinen Lázně Kynžvart (Bad Königswart) hingegen ist man auf Kinderkrankeiten spezialisiert. Auf die neue, kapitalistische Zeit hat man sich in Westböhmen inzwischen auch eingestellt: In Mariánské Lázně gibt es bereits Antistreßkuren für Manager.

Route 3

3

Seite
41

Seen und Teiche: Immer die Moldau entlang

***** Praha – Příbram (Pribam) –
* Tábor (Tabor) – * Jindřichův Hradec
(Neuhaus) – * Třeboň (Wittingau) –
** České Budějovice (Budweis) –
** Český Krumlov (Krumau) (265 km)**

**Bedřich Smetana setzte ihnen ein
musikalisches Denkmal, Egon Schiele
hat sie gemalt: die Menschen und
die Landschaft Südböhmens, Český
Krumlov, die nach Prag vielleicht
beeindruckendeste Stadt der Republik,
und die Moldau, ihren schönsten Fluß.
Fröhliche Feste vor der Kulisse wind-
schiefer Häuser, enge Täler und ein-
same Strände, so sahen die Künstler
das Land.**

**Auch in unserem Jahrhundert hat der
äußerste Süden des Landes viele
Kreative angezogen. In der Zeit, als
der reale Sozialismus versuchte, alle
Traditionen zu zerstören, suchten sie
in den mittelalterlichen Gassen nach
dem „ursprünglichen", dem „wahren"
Leben. Und: Wer einen Sonnenuntergang an einem der zahlreichen südböhmischen Teiche erlebt hat, der
weiß, daß er ein Stück davon gefunden hat. Für diese Fahrt in den Süden
sollten Sie sich drei Tage Zeit nehmen.**

An heißen Sommersonntagen gehört
Prag (s. S. 24) den Touristen. Die Hauptstädter sind dann schon früh am Morgen hinausgefahren an ihren Haussee,
die Moldaustauung *Slapy *(Slapská
přehrada),* 30 km. In den dichten Wäldern über dem Fluß reiht sich Datscha
an Datscha. An den Ufern des Gewässers gibt es unzählige Ferienkolonien
und Zeltstädte. Dennoch hat sich die
Gegend etwas bewahrt, was man wohl
am besten mit dem Worten Idylle

und Romantik umschreibt. Die vergangenen Jahrzehnte realsozialistischer
Herrschaft verhinderten eine touristi-
sche Erschließung.

Wichtigste Ferienorte an dem rund
44 km langen Stausee sind die Dörfer
Slapy, Nová Rabyně und **Živohošt.**
Ganz in der Nähe der Staumauer bei
Rabyně befindet sich ein Anleger, hier
halten die Linienschiffe aus Prag, von
hier aus kann man weiter bis zum südlichen Ende des Gewässers fahren.

ⓗ **Prom,** Nebřich. Schönes neues
Hotel direkt am rechten Ufer, Hallenbad und Fitneßzentrum, über Čedok
(s. S. 22) buchen. Ⓢ
Parkhotel, Nová Rabyně,
☎ (03 01) 9 11 02. Großes, einfaches
Hotel direkt am See, mit Ausflugs-
restaurant. Ⓢ

⚠ **Nová Živohošt,** am rechten Ufer
des Sees, ☎ 9 13 45. Ⓢ

Zwischen Prag und Orlík ist die Moldau
eigentlich kein Fluß mehr. Immer wieder wurde ihr Wasser hier aufgestaut,
das Land brauchte Strom für seine Industrialisierung und so entstand eine
Kette von Seen. Schloß Orlík aber, das
einst über dem tiefen, engen Flußtal
thronte, wurde zu einer Wasserburg,
ganz in den Fluten verschwand das
Dorf *Žd'ákov.*

Die Straße nach Orlík führt nicht an der
Moldau entlang, sondern über **Dobříš**
(Rokokoschloß), 60 km, und **Příbram**
(*Pribam;* 37 000 Einw.), 80 km. Die Industriestadt ist bis heute ein Bergbau-
zentrum. Doch während im Mittelalter
in erster Linie Silber gefördert wurde,
muß man sich heute mit Blei, Zink und
Uranerzen zufriedengeben.

Der Ort ist zugleich eines der bedeutendsten Wallfahrtsziele des Landes:
Schon im 14. Jh. entstand auf dem
** *Svatá Hora,* dem Heiligen Berg, eine
kleine gotische Kirche, in der Arnošt
von Pardubice – Bischof und Ratgeber
von Kaiser Karl IV. – eine schwarze
Madonna aufstellen ließ. Diese „Königin der silbernen Berge", die der Kir-

chenfürst sogar selbst geschnitzt hatte, wurde 1732 von Papst Clemens II. gekrönt: Der damals hinzugekommene Silberaltar ist heute in die UNESCO-Liste des Weltkulturerbes eingetragen.

Ein halbes Jahrhundert zuvor war nach Plänen des italienischen Baumeisters Carlo Lurago eine festungsartige, von vier achteckigen Kapellen begrenzte Barockanlage entstanden. Zwei mächtige Tore führen zur *Maria-Himmelfahrts-Basilika,* unzählige Barockfiguren schmücken die Balustraden, Arkaden und Terrassen. Eine überdachte „Heilige Stiege" mit 365 Stufen führt von Příbram auf den 586 m hohen Hügel.

Der Slapy-Stausee ist ein beliebtes Wochenendziel der Prager

 Seite 41

Ⓗ **Modrý hrozen,** nám. T. G. Masaryka 143, Příbram, ☎ (03 06) 2 89 01. Nur hundert Meter von der Heiligen Stiege entfernt. Ⓢ

Geradezu bescheiden wirkt dagegen * **Schloß Orlík** *(Worlik),* 110 km, das aus einer einfachen Burgfeste des 13. Jhs. entstand. Aus dieser Zeit blieb ein runder Turm erhalten, sein heutiges neogotisches Aussehen erhielt das einstige Domizil der Adelsfamilie Schwarzenberg zwischen 1849 und 1860. Sehenswert ist vor allem der *Große Rittersaal,* doch zeugt die gesamte Inneneinrichtung vom Reichtum eines der einflußreichsten böhmischen Geschlechter. Im Reitstall der Anlage gibt es als besonderes Bonbon ein exzellentes Restaurant (Ⓢ).

Schloß Orlík liegt direkt über einer Moldaustauung

△ **Chatová osada,** Velký Vír, Orlík ☎ (03 26) 9 61 10. Blockhüttenanlage und Campingplatz. Ⓢ

Abstecher für „Goldwäscher"

Lohnend ist ein Ausflug ins rund 35 km südlich von Orlík liegende * **Písek** (*Pisek;* 29 000 Einw.). Der Sand (tschechisch: písek) der Otava gab der Stadt

Im Innern des Schlosses: der Rittersaal

3

Seite
41

den Namen, über den Fluß führt die älteste * Steinbrücke Böhmens. Wichtiger
als Sand ist für Písek heute freilich das
Gold. Noch gibt es in der Otava kleine
Ablagerungen des begehrten Metalls,
und so machen sich die Piseker am
Wochenende auf, um Gold zu waschen.

❶ Čedok, Velké nám. 2, 39711 Písek,
☏ (03 62) 28 86, 🖷 53 13.

Ⓗ America, R. Weinera 2375, Písek,
☏ 23 61. Neues Luxushotel mit
Fitneß- und Sportzentrum, eines der
führenden Häuser Südböhmens. Ⓢ⑴⑴

Ⓗ Bílá růže, Fráni Šrámka 169.
Mit Sonnenterrasse. Ⓢ⑴

⎯⎯⎯

Ihr Banner war schwarz und zeigte
einen roten Kelch. Unter ihrem Feldherrn Jan Žižka kämpften sie gegen die
katholische Kirche und den deutschen
Kaiser. Die Taboriten waren die radi-
kalsten der Hussiten. 1420 hatten sich
mehrere tausend Männer mit ihren Familien bei der Burg Kotnov gesammelt,
im Lauf der Kriegsjahre entwickelte
sich aus ihrem Feldlager eine Festung,
der sie den Namen Tábor gaben. Den
Taboriten ging es nicht nur um religiö-
se Freiheiten, sondern auch um soziale
Gerechtigkeit. In ihrer Stadt probten sie
die Kommune, hier durfte jeder der
Glaubensgemeinschaft angehören, die
ihm am meisten zusagte. Nur die Katholiken waren verhaßt.

Von der ehemaligen Festung Jan
Žižkas sind im Norden * Tábors (Tabor;
34 000 Einw.), 148 km, immer noch
Teile erhalten, und auch der Rundturm
seiner Burg Kotnov wurde nicht zerstört. Der Hauptplatz des Orts trägt –
wie könnte es anders sein – den Namen
des Feldherrn, hier steht auch sein
bronzenes Standbild. Unter dem Žižko-
vo náměstí verläuft ein Labyrinth von
Gängen, das den Hussiten als Versteck
diente. Ein Museum der religiösen
Bewegung gibt es im Alten Rathaus
(1440–1521), seine Hauptattraktion
ist ein mittelalterlicher Brustpanzer.
Am Steintisch vor dem Gebäude wurde

das hussitische Abendmahl, Brot und
Wein, verteilt.

❶ Čedok, tř. 9. května 1282,
39011 Tábor, ☏ (03 61) 2 35 63.

Ⓗ Palcát, 9. května 2467, ☏ 22 90 14.
Hochhaushotel direkt im Zentrum. Ⓢ⑴
Mašát Měšice, Měšice 474,
☏ 6 34 50. Kleineres neues Hotel am
Stadtrand. Ⓢ⑴

Ⓡ Radniční vinárna. In einem Keller
unter dem Rathaus, Fisch, Wild und
mährische Faßweine. Ⓢ⑴
Jihočeská restaurace, Budějovická
1097. Einfache tschechische Küche,
mit schönem Ausblick. Ⓢ

Bei * Jindřichův Hradec (Neuhaus;
22 000 Einw.), 193 km, beginnt das
Land der Witigonen und der Teiche.

Bereits um 1200 gründete Heinrich, der
Sohn des Witigo (Vítek) von Prčice, an
den Ufern des Teiches Vajgar eine Burg,
der er den Namen Nova domus, zu
deutsch Neuhaus gab. Wenige Jahrzehnte später folgte eine Siedlung, aus
der die heutige Stadt * Třeboň (Wittingau; 9500 Einw.), 223 km, erwuchs.
Ihr deutscher Name erinnert an die alte
Adelsfamilie. In beiden Städten blieben
die ehemalige Sitze des Geschlechts erhalten, allerdings wurden sie in den
vergangenen Jahrhunderten wieder-
holt umgestaltet: Die gotischen Burgen
verwandelten sich in herrliche Renais-
sanceschlösser. In der St.-Ägidius-Kir-
che in Třeboň steht die * Madonna von
Wittingau, eine gotische Kalkstein-
skulptur vom Ende des 14. Jhs.

❶ Čedok, Masarykovo nám.,
37901 Třeboň, ☏ (03 33) 24 33.

Ⓗ Zlatá hvězda, Masarykovo nám. 1,
☏ (03 33) 26 61. Direkt am Hauptplatz
von Třeboň, Reitmöglichkeit, Kutsch-
fahrten, schöne Weinstube. Ⓢ⑴
Grand Hotel Schneider,
nám. Mírů 165/I, Jindřichův Hradec,
☏ (03 31) 2 58 66. In historischem Bau
im Zentrum, nette Weinstube. Ⓢ

Ⓡ Bílá paní, Dobrovského 5,
Jindřichův Hradec. Gut geführtes

Lokal gegenüber dem Schloß. Ⓢ
Šupina, Valy 155, Třeboň. Fischrestaurant. Ⓢ

Noch älter als die adeligen Witigonen sind die südböhmischen Teiche. Erwähnt werden sie bereits in einer Chronik aus dem 6. Jh., mit der systematischen Trockenlegung der sumpfigen Gegend begann man dann im 12. Jh. „Teiche sind fleißig anzulegen, damit das Volk mit Fischen in ausreichendem Maß gesättigt werden könnte", heißt es in einem informativen Brief Kaiser Karls IV.

Die künstlichen Gewässer entstanden vor allem bei Klöstern, die Karpfen, die hier gezüchtet wurden, dienten den Mönchen als wichtige Fastenspeise. Heute sind die schmackhaften Fische dagegen zu einem weihnachtlichen Festtagsessen geworden. Das Abfischen der Teiche im Dezember – dabei wird das Wasser ganz langsam abgelassen – ist für die Südböhmen ein großes Ereignis.

Größter Fischteich der Tschechischen Republik ist mit 721 ha der *Rožmberský rybník.** Der bekannteste der Gegend trägt den Namen **Svět** („Welt").

Hier befindet sich auch ein Sanatorium, in der die schwefelhaltige Torferde der Umgebung zur Behandlung von Rheuma eingesetzt wird. In dem Gewässer kann man auch baden und rudern.

Inmitten eines der zahlreichen Teiche steht auch das romantische Wasserschloß *Červená Lhota,** 15 km nördlich von Jindřichův Hradec.

Am Anfang des Besuches von **Č*eské Budějovice**
(*Budweis;* 97 000 Einw.) sollte man 360 Stufen nicht scheuen. Sie führen hinauf auf den *Černá věž,* einen freistehenden Glockenturm. 72 m ist er hoch und von seiner toskanischen Säulenbalustrade kann man einen ersten Blick auf

Tábors Altstadt hat ihren mittelalterlichen Charakter bewahrt

Vom Černá věž schweift der Blick über Budweis und das Umland

Zentrum des Budweiser Marktplatzes ist der Samsonbrunnen

3
Seite
41

das „böhmische Florenz" werfen. Natürlich ist diese Bezeichnung übertrieben, doch etwas Italienisches hat die Stadt dennoch: den * *Samsonbrunnen* am Marktplatz, der, ähnlich wie der Neptunbrunnen in Florenz, ein beliebter Treffpunkt ist, oder den weitläufigen ** *Marktplatz*, 133 mal 133 m ist er groß. Gegründet wurde Budweis 1265 von Přemysl Otakar II. Der böhmische König wollte auf diese Weise das südböhmische Bürgertum stärken und ein Gegengewicht zum mächtigen Adelsgeschlecht der Rosenbergs setzen.

Der Reichtum von Budweis beruhte auf dem Salzhandel, das kostbare Mineral wurde im * *Alten Zeughaus* am Piaristické náměstí gelagert. Auffallend sind die in den Fassadenputz eingelassenen Masken und der Treppengiebel aus dem Jahr 1531. Um die gleiche Zeit entstanden in der Hroznová die *Fleischbänke*, 400 Jahre später kam man auf die Idee, hier ein großes Gasthaus einzurichten. In den „Masné krámy" gibt es heute Schweinebraten mit Kraut und Knödeln und dazu natürlich das bekannteste Produkt der Stadt – das Budweiser Bier. Seit dem 16. Jh. wird es gebraut, es zählt zu den leichteren seiner Art in Böhmen. Dieser Teil von České Budějovice ist der belebteste, durch die engen Gassen *Česká* oder *Krajinká* kann man zum *Mühlenkanal* und den städtischen Parkanlagen bummeln.

➊ **CTS–Travel,** Krajinská 1, 37001 České Budějovice, ☏ (0 38) 2 50 61.

🏨 **Zvon,** ☏ 5 53 61, 📠 5 89 27. Führendes Hotel direkt am Marktplatz, mit drei Restaurants. (⑤)
Royal Kanon, Pražská 103, ☏ 3 89 75. In frisch renoviertem historischem Gebäude im Zentrum. (⑤)

🍴 **Fontana,** am Marktplatz. Budweiser vom Faß. (⑤)
Budvar, K. Svetlé 2. Gaststätte der Brauerei. (⑤)
U zelezné panny, Biskupska. Frische Karpfen und Forellen. (⑤)

Ein Besuch in Hluboká

Ein Abstecher von 10 km führt zu einem der meistbesuchten Schlösser der Republik. Mehr als 300 000 Gäste kommen jedes Jahr nach * **Hluboká nad Vltavou** (*Frauenberg;* 3400 Einw.) – kein Zufall, erinnern seine unzähligen Türme und Türmchen doch an das englische Schloß Windsor. Gegründet wurde Frauenberg im 13. Jh. Der letzte Privateigentümer war Adolph II. Fürst von Schwarzenberg, 1940 wurde er von der Gestapo verhaftet. Zehn Jahre später ging der neogotische Bau dann in staatlichen Besitz über. Doch obwohl die Schwarzenbergs viel von ihrem Eigentum nach Wien retten konnten, blieb der Großteil der unendlich kostbaren Innenausstattung in Böhmen. Über 36 000 Exponate – flämische Wandteppiche, Gemälde böhmischer Meister, spätbarocke Möbel und italienische Fayencen – sind daher heute hier zu sehen. Liebhaber von Adalbert Stifter werden sich jedoch vor allem für den *Delphinenschrank* interessieren. Der Dichter beschrieb ihn in der Novelle „Nachsommer", wenige Wochen nach seinem Tod verkaufte ihn seine Witwe an die Schwarzenbergs.

Dort, wo die Moldau zwei große Bögen macht, liegt ** **Český Krumlov** (*Krumau;* 14 000 Einw.), 265 km. Das eine Halbrund umschließt die *Altstadt,* inmitten des zweiten erhebt sich der *Burgberg.* Diese „krumme Au" beeindruckte die UNESCO so sehr, daß sie den Ort unter besonderen Schutz stellte. Die baufälligen Häuser und Klöster des *Latrán-Viertels* hatten dies freilich auch nötig. Besonders nach der Vertreibung der Deutschen, die seit der Stadtgründung durch die Witigonen hier siedelten, waren die Gebäude immer mehr verfallen. Vieles konnte freilich auch bewahrt werden. An der Moldau gibt es noch stille Auen, bis heute führen Holzbrücken über den Fluß.

Krumlov beginnt vor allem an späten Sommernachmittagen zu leuchten. Die Formen, die Farben, die engen Gassen, die krummen Arkaden, hier kann man stundenlang durch die Straßen spazieren und in ihnen immer neue Details entdecken.

Wichtigste Sehenswürdigkeit ist die Burg, die zweitgrößte im Land nach dem Prager Hradschin. Unglaublich, aber wahr: Fast von jeder Stelle der Stadt sieht man ihren Turm, der noch aus dem 13. Jh. stammt. 300 Jahre später wurde die Festung zu einem Schloß, das sich von nun an im Stil der Renaissance präsentierte. Im 18. Jh. ließen die Schwarzenbergs die im ganzen Land einzigartige *Schloßbrücke* errichten: drei Bogengänge wurden aufeinandergestellt, 40 m sind sie hoch, 30 m lang.

Der Maselniceturm gehört zur Unterburg von Český Krumlov

„Krumlov hat einen ganz bestimmten Geist", so lautet das Urteil vieler Besucher. Als private Initiativen im restlichen Teil der Tschechoslowakei noch verpönt waren, entstanden hier schon Galerien, begann man avantgardistische Kunstspektakel zu organisieren. Anschaulich wird dieser eigenwillige Esprit vor allem im ** *Maskensaal der Oberen Burg*, der 1748 ausgestaltet wurde. Dort werden die Besucher zu Gästen einer Commedia dell'arte, eines Maskenballs von unglaublicher Lebendigkeit und Buntheit. Die Wände lösen sich in gemalten Theaterlogen auf, Fratzen grinsen einem ins Gesicht. Harlekine, aufgeputzte Frauen, dickbäuchige Adelige, sie alle feiern mit.

❶ Tourist Service, Zámek 57, 38101 Český Krumlov, ☎ (03 37) 46 05.

▥ **Růže,** Horní 153, ☎ 22 45, ▤ 38 81. Im Jesuitenkloster, teuer, aber lohnend; gutes Restaurant. ⓈⓈ
Krumlov, ☎ 22 55, ▤ 34 98. Schönes Altstadthotel am Marktplatz. Ⓢ
Fara, in Zláton bei Krumlov, ☎ (0 33) 99 49. Das Hotel liegt am Waldrand; Sommerterrasse. Ⓢ
▥ **U města Vídně,** beim Budweiser Stadttor. Gute Habsburgerküche. ⓈⓈ
U dvou marií, Parkán. Gutes, vegetarisches Restaurant an der Moldau. Ⓢ
Pivovar Eggenberg, Latrán 27. Brauereigaststätte. Ⓢ

Český Krumlov feiert

Wohl nur in Prag und Brno gibt es mehr kulturelle Topereignisse als in Český Krumlov. Besonders in den Sommermonaten Juni, Juli und August ist der Terminkalender der Einheimischen dicht gefüllt. So erinnern sie sich Mitte Juni in einem farbenfrohen, historischen Kostümfest an die Geschichte der einst hier ansässigen Adelsfamilie Rosenberg. Die Brauereibesitzer Eggenberg, Nachfahren eines anderen bedeutenden Adelsgeschlechts der Stadt, veranstalten zum gleichen Zeitpunkt ein „Fest des Bieres". Es gibt ein südböhmisches Theaterfestival, an dem auch Ensembles aus dem Ausland teilnehmen. Ebenfalls international sind die Ausstellungen im Kulturzentrum Egon Schiele (Široka-Straße) und das Musikfest im August. Viele Veranstaltungen finden im Schloßpark statt, hier gibt es nicht nur ein Freilichttheater mit einer drehbaren Bühne, sondern auch eine kaum zu übertreffende Kulisse: Stadt und Burg Krumlov.

Route 4

Von Gebirge zu Gebirge: Fahrt in den Norden

★★★ Praha – ★ Mělník (Melnik) – ★ Litoměřice (Leitmeritz) – Děčín (Tetschen) – ★ Jičín (Jitschin) – Liberec (Reichenberg) – Špindlerův Mlýn (Spindlermühle) – Náchod (Nachod) – ★ Hradec Králové (Königgrätz) – ★★ Pardubice (Pardubitz) – ★★★ Praha (575 km)

Obstgärten, Weinberge und Hopfenfelder. Bizarre Felsenstädte, dröhnende Wasserfälle und wilde Flußtäler. Vor allem aber eine rund 300 km lange Gebirgskette – das alles verspricht der Norden des Landes. Eine Region der Superlative und der romantischen Verklärungen. An der Grenze zu Polen erhebt sich im Riesengebirge die Schneekoppe, der höchste Berg Tschechiens. Hier entspringt die Elbe (Labe), der wichtigste Fluß der Republik. Im Elbtal, im „Garten Böhmens" wachsen Pfirsiche, Äpfel und Edelkastanien. Über drei Millionen Obstbäume sollen es insgesamt sein. Hopfen, das „grüne Gold" des Landes, wird seit Jahrhunderten auf riesigen Feldern rund um Litoměřice angebaut. Das nahe „Böhmische Paradies" ist vor allem ein Mekka für Bergsteiger. Allein in der Felsenstadt Hrubá Skala stehen 220 Sandsteinfelsen mit rund 700 Aufstiegsmöglichkeiten.

Nordböhmen ist aber auch eines der bedeutendsten tschechischen Industriegebiete. Kohlebergbau und Chemie prägen – und zerstören – die Städte am Fuß des Erzgebirges. Im Iser- und Lausitzer Gebirge sind die traditionellen Branchen dagegen Glas und Textilien. Natürlich kann man in Nordböhmen einen ganzen Urlaub verbringen, wer nur die wichtigsten Sehenswürdigkeiten kennenlernen möchte, sollte hierfür vier Tage einplanen.

Nur 35 km nördlich von *Prag* liegt die bekannte Weinbaustadt ★ **Mělník** (*Melnik;* 20 000 Einw.). Seit der „Samtenen Revolution" 1989 macht sie auch international Schlagzeilen. Die böhmische Adelsfamilie Lobkowitz erhielt ihr ★ *Schloß* zurück, das nach der kommunistischen Machtübernahme 1948 enteignet worden war, zurück. Die Frau des Besitzers, die Schweizerin Bettina Lobkowitz, machte sich daran, gemeinsam mit einer französischen Önologin die Tradition der jahrhundertealten Weinbaugemeinde wiederzubeleben.

Schon Karl IV., aufgewachsen am Hof des französischen Königs, hatte im 14. Jh. aus Burgund Winzer in den Ort geholt. Nach dem Zweiten Weltkrieg war der „Ludmila-Wein" jedoch immer ungenießbarer geworden. Der Name des Tropfens geht auf die böhmische Schutzpatronin zurück, die Ende des

9. Jhs. auf der Burg zu Mělník lebte. Noch heute wird er in die charakteristischen „Tintenfaß-Flaschen" abgefüllt. In den kühlen, weitläufigen Weinkellern, in denen bis zu 3 Mio. Liter gelagert werden können, bieten ihn die Eigentümer zur Verkostung an.

Steigt man aus den Tiefen des Burgbergs wieder hinauf, fühlt man sich ein bißchen wie in Italien. Die Sonne brennt auf die terrassenförmig angelegten Weinberge, im Stil der böhmisch-italienischen Renaissance entstand der Innenhof des Lobkowitzschen Schlosses. Im Inneren gibt es Werke der wichtigsten tschechischen Barockmaler (Brandl, Reiner, Škréta) zu sehen.

Wie eine alte Dorfkirche wirkt die bereits im 11. Jh. entstandene * Burgkapelle. Ihr viereckiger Turm ist noch rein romanisch, die übrigen Teile stammen aus dem 15. Jh. Unterhalb von Mělník, 38 km nördlich von Prag, mündet die Moldau (Vltava) in die Elbe (Labe). Vom empfehlenswerten Restaurant des

4

Seite 63

Weinliebhaber sollten unbedingt Schloß Mělník besuchen

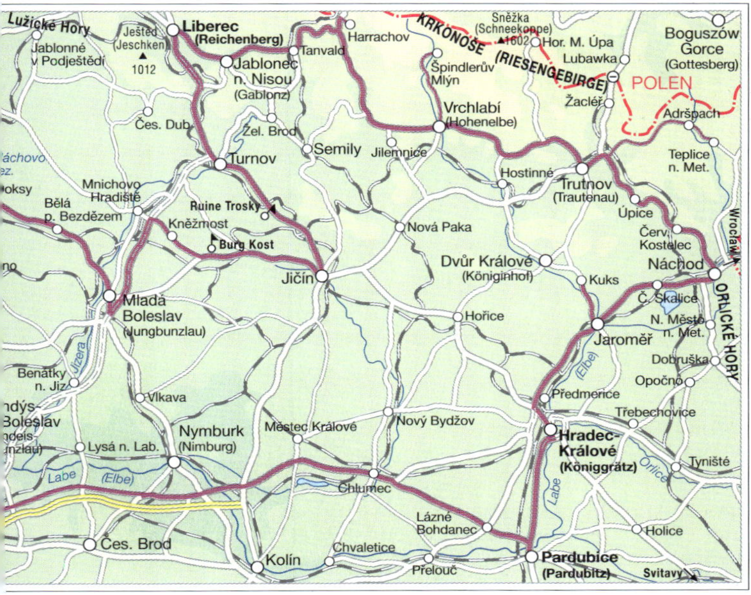

Schlosses (ⓢ)) hat man einen schönen Blick auf den Zusammenfluß.

❶ **Čedok,** nám. Míru 10, 27653 Melník, ☏ (02 06) 62 21 95, 🖷 35 10.

🏠 **Tupadly,** Liběchov, ☏ 69 74 02. 10 km nördlich, Richtung Litoměřice. Ganz neu. ⓢ
Ludmila, Pražská 2639, ☏ 62 24 23. Größtes Hotel der Stadt. ⓢ

An der Mündung der Eger (Ohře) in die Elbe liegt umgeben von Hopfenfeldern und Obstbäumen die Stadt ***Litoměřice** (*Leitmeritz;* 26 000 Einw.), 65 km. Nur wenige Jahre nach der Prager Altstadt erhielt sie 1227 als zweite Gemeinde Böhmens Stadtrecht, jahrhundertelang fanden auf dem riesigen ***Marktplatz** die bedeutendsten Obst- und Getreidemärkte des Landes statt. Die Kaufleute kamen aus Bayern und Sachsen, ein von ihnen verwendetes Maß, die *Leitmeritzer Elle,* blieb am linken Strebepfeiler des *Renaissancerathauses* erhalten. Wahrzeichen des Ortes ist das Ende des 16. Jhs. entstandene ***Kelchhaus** (*Mrázovský dům*). Der grüne kelchförmige Aufsatz erinnert daran, daß die Hussiten das Heilige Abendmahl unter beiderlei Gestalt, als Brot und Wein, nahmen. Auf einem Hügel über der Elbe wurde nach Plänen italienischer Baumeister 1663–1681 der frühbarocke *St.-Stephans-Dom* und im 19. Jh. ein freistehender *Glockenturm* im Stil der Neorenaissance errichtet. Sehenswert ist hier der „Hl. Antonius", ein Tafelbild von Lucas Cranach.

❶ **Čedok,** Dlouhá, 41201 Litoměřice, ☏ (04 16) 33 55.

🏠 **Schloßhotel Hubertus,** in Třebušín, ☏ 95 35. 10 km nördlich, sehr gut ausgestattet (Schwimmbecken, Minigolf). ⓢ))
🏠 **Salva Guarda,** Mírové nám. In historischem Gebäude direkt am Marktplatz. ⓢ)

Eine Elbbrücke verbindet Litoměřice mit ***Terezín** (*Theresienstadt;* 4000 Einw.), 67 km. Die Stadt, die die Nationalsozialisten in den vierziger Jahren zum größten Konzentrationslager des Protektorats Böhmen und Mähren machten, hat bis heute ihren Festungscharakter nicht loswerden können. 1780 wurde der Grundstein für den Komplex gelegt. Er war als österreichischer Militärstützpunkt gedacht, von dem aus preußische Einfälle abgewehrt werden sollten. 500 mal 700 m groß ist die in 20 Blöcke unterteilte Anlage, schmucklose klassizistische Kasernen und Wohnhäuser werden von mächtigen rotbraunen Mauern und acht Bastionen geschützt.

Vor den Toren der Stadt entstand die sogenannte *Kleine Festung,* sie diente den Habsburgern seit 1886 als Gefängnis. Hier war auch Gavrilo Princip inhaftiert, der 1914 in Sarajevo den österreichischen Thronfolger Franz Ferdinand erschoß. Die Anlage blieb auch unter den Nationalsozialisten ein Gefängnis für „Staatsfeinde", die Stadt selbst wurde nach der Aussiedlung der tschechischen Bevölkerung 1941 zum jüdischen Ghetto. Die SS sprach von einer „selbstverwalteten jüdischen Gemeinde". Um internationale Kontrollkommissionen zu täuschen, gab es Cafés, Schulen, Theater. Tatsächlich aber war es ein Durchgangslager für Juden aus ganz Europa. Circa 88 000 Gefangene wurden von hier nach Auschwitz und Treblinka transportiert. Bis 1945 kamen in Theresienstadt, wo man sie unter menschenunwürdigen Bedingungen auf engem Raum zusammengepfercht hatte, 35 000 Menschen um. Ein riesiges Gräberfeld erstreckt sich vor dem Haupttor der Kleinen Festung. Die gesamte Gefängnisanlage blieb als Gedenkstätte erhalten.

Wenige Kilometer hinter Terezín, bei der Industriestadt *Lovosice (Lobositz)* ragt der markante Basaltberg *Lovoš* (*Lobosch;* 542 m) auf. Er zwingt die Elbe, ihre Richtung zu ändern, von nun an fließt sie nicht mehr westwärts, sondern nach Norden. Die rund 50 km bis zur deutsch-tschechischen Grenze bei Děčín waren seit je Teil eines der bedeutendsten Handelswege nach Prag.

Bereits im 13. Jh. wurde zu dessen Schutz bei **Ústí nad Labem** (*Aussig;* 106 000 Einw.), 97 km, die **Burg Stře-kov** *(Schreckenstein)* errichtet. 85 m hoch thront sie über der Elbe. 1851 entstand die Eisenbahnlinie Dresden-Prag. Nach Hamburg verfügt Ústí heute über den zweitgrößten Elbhafen.

Trotz der wirtschaftlichen Bedeutung des Tals hat es viel von seiner alten Schönheit bewahrt. So erhebt sich 150 m über dem Fluß bei **Děčín** (*Tetschen;* 54 000 Einw.), 123 km, die *Schäferwand (Pastýřská stěna),* die man nicht einmal selbst besteigen muß. Es gibt einen Aufzug und oben ein Aussichtsrestaurant.

❶ **CK Jatour,** Masarykovo nám. 8/81, 40501 Děčín, ☎ (04 12) 2 70 47.

ⓗ **Ceská Koruna,** Masarykovo nám. 60. Jüngst renoviertes Haus direkt am Hauptplatz. Empfehlenswert auch das dazugehörige Restaurant. Ⓢ

Schön ist auch eine Dampferfahrt nach *Hřensko (Herrnkretschen),* unmittelbar an der Grenze zu Deutschland. Von hier machen sich Unzählige auf zum **Elbsandsteingebirge** und dem größten Naturfelsentor Europas, der ** *Pravičká brana.* Zwei 20 m hohe Felspfeiler sind durch eine 15 m lange und 3 m starke Sandsteinplatte verbunden, die nicht nur von besonders waghalsigen Wanderern überquert werden kann.

Ausflug ins ** Böhmische Paradies

Ins Böhmische Paradies *(Česky ráj)* zu gelangen ist nicht allzu schwer. Weithin sichtbar erhebt sich auf zwei Basaltfelsen die *Burgruine Trosky.* Sie ist das Wahrzeichen des etwa 30 km breiten und 15 km hohen Dreiecks zwischen Turnov, Jičín und Mnichovo Hradiště. Begeistert von der natürlichen Schönheit ihres Landes hatten Schriftsteller und Maler in der zweiten Hälfte des 19. Jhs. den romantischen Namen geprägt.

Der Zusammenfluß von Elbe und Moldau bei Mělník

Theresienstadt, Ort der Greueltaten der Nationalsozialisten

Seite
63

Zynischer Wahlspruch am Tor zum einstigen KZ

Auf solche Holzhäuser trifft man häufig in Nordböhmen

Rund hundert Jahre später wurde das Gebiet zum Naturschutzgebiet erklärt, seine Hauptattraktion sind die nadelförmigen Felsentürme. Verborgen in Fichten- und Kiefernwäldern bilden sie riesige Labyrinthe. Bewohnt waren diese bereits vor 80 000–100 000 Jahren. In der ** *Prachower Felsenstadt (Prachovskě skály)* zwischen der mittelalterlichen * *Burg Kost* und Jičín wurden prähistorische Siedlungen und Grabhügel gefunden. Drei markierte Wanderwege führen hier zu den schönsten Aussichtsplätzen.

Ein besonders schöner Ausgangspunkt für Ausflüge ins Böhmische Paradies ist * *Jičín* (*Jitschin;* 17 000 Einw.), 238 km, der Geburtsort des Wiener Gesellschaftskritikers Karl Kraus (1874 bis 1936). Ansehnlich ist der von Barockhäusern gesäumte rechteckige * *Marktplatz,* hier steht auch das interessanteste Bauwerk des Orts: Das * *Walditzer Tors* war Teil der Stadtbefestigung im 16. Jhs. Wie etliche andere Tortürme Böhmens erhielt der 52 m hohe Bau im 19. Jh. eine neogotische Galerie.

❶ Valdštejnské nám., 50601 Jičín, ☎ (04 33) 2 19 77.

🏠 **Pension Bohemia,** Markova 303, ☎ 2 44 331. Mit Sauna und gutem Restaurant. Ⓢ

⚠ **Rumcajs Jičín,** ☎ 2 10 78. Ⓢ

🏠 **Zámecká vinárna,** Valdštejnské nám. 1. Nette Weinstube am Marktplatz. Ⓢ

Ist die Geschichte stehengeblieben? Kehrt sie nun zurück? Diese Fragen drängen sich unweigerlich auf, wenn man über die Vergangenheit von **Liberec** (*Reichenberg;* 104 000 Einw.), 258 km, nachdenkt. Seit dem 14. Jh. war die Stadt ein Zentrum der Tuchmacherei, vom ehemaligen Reichtum zeugen die prächtigen Gründerzeitpaläste. Doch es genügten vierzig Jahre Kommunismus, um ihren Ruf als „böhmisches Manchester" zu vernichten. Liberec besaß zwar weiterhin eine Hoch-

schule für Textilwesen, die Qualität der produzierten Stoffe wurde aber selbst in linientreuen Blättern gerügt. Seit der Wende geht es in der Branche nun wieder aufwärts: Vor allem Produzenten aus dem nahen Deutschland machen sich die Fähigkeiten der gut ausgebildeten Facharbeiter zunutze.

Dennoch wird Reichenberg nie mehr das werden, was es einst war. Denn die Stadt war eben auch immer ein Zentrum der Deutschen in Böhmen: Während heute der Anteil der deutschen Bevölkerung bei etwa fünf Prozent liegt, waren es 1935 über 35 000 Deutsche und nur 5000 Tschechen. Die meisten von ihnen waren Arbeiter. Als 1918 die Tschechoslowakei entstand und tschechisches Militär Reichenberg besetzte, riefen die deutschen Sozialdemokraten zum Generalstreik auf. Nachdem die Stadt 1938 zur „Hauptstadt des Sudetengaus" geworden war, mußten viele von ihnen vor den Nationalsozialisten in tschechische Industriestädte fliehen. Nach 1945 konnten dann einige in ihre Heimat zurückkehren, als Antifaschisten waren sie von den Aussiedlungsanordnungen ausgenommen.

Zentrum der Stadt ist der *Dr.-Beneš-Platz.* Hier steht auch das *Rathaus* (1888–1893), dessen Fassade an das Wiener Rathaus erinnert und in dessen Keller bis heute bei Schweinebraten und Bier die Politik der Stadt bestimmt wird. Ebenfalls von Wiener Architekten – Ferdinand Fellner und Hermann Helmer – stammt das *Stadttheater,* das den Namen des in Liberec geborenen Dramatikers František Xaver Šalda (1867–1937) trägt.

Vom hohen Niveau der böhmischen Holzschnitzer zeugt die Salvatorkapelle im *Renaissanceschloß* (Zámecké náměstí). Schön sind auch die Fachwerkhäuser in der *Větrná ulice.* Im Dreißigjährigen Krieg unterstützte Albrecht von Waldstein die Textilbranche, für die Arbeiter ließ er Wohnungen bauen.

❶ Benešovo nám. 14, Liberec, ☎ (0 48) 2 98 54.

🏨 **Praha,** Železná 2/1, ☎ 2 98 53.
Neu renoviertes Jugendstilhotel im
Zentrum. ⑤⟩⟩
U Jezírka, Masarykova 436,
☎ 2 06 04. An einem See beim Bota-
nischen Garten gelegen, mit Gartenrestaurant. ⑤

🍴 **Černý kuň,** Nerudovo nám. 1.
Tschechische Küche. ⑤
Zámecká restaurace, Grabštejn 28.
Weinstube am Waldstein-Schloß. ⑤⟩

Ausflug ins Riesengebirge

Vom Gipfel der ** **Schneekoppe** (*Sněžka;* 1602 m), des höchsten Berges des
* *Riesengebirges (Krkonoše),* hat man
an klaren Tagen einen berauschen-
den Blick: Im Westen erhebt sich
der 1012 m hohe *Jeschken (Ještěd)* bei
Liberec, im Osten ist das *Adlergebirge
(Orlické hory)* zu sehen. Im Norden und
damit bereits in Polen senkt sich das
Riesengebirge hin zur schlesischen
Ebene. Doch auch bei einer Wanderung, zu Fuß oder auf Skiern, über die
beiden Kämme des Massivs bieten sich
immer neue Ausblicke. Die Bergrük-
ken sind oft kahl, ab und zu stößt man
auf Hochtorfmoore mit seltener Berg-
flora.

Das Riesengebirge wurde 1963 zum
Nationalpark erklärt, und das war auch
nötig. Bereits seit dem 15. Jh. wurde
der Reichtum der Berge ausgebeutet,
Gold- und Edelsteinsucher, Holzfäller
und Bergbauern haben ihre Spuren
hinterlassen. In diesem Jahrhundert
fügte die Braunkohleverwertung im
nahen Schlesien und in
Nordböhmen den Fichten-
wäldern erheblichen Schaden
zu. Bereits vor vielen Jahren
sperrte die örtliche Verwal-
tung daher weite Teile des
Gebirges für Privat-Pkw.

Bedeutendstes Ferienzentrum
ist **Špindlerův Mlýn** (*Spindlermühle;* 1400 Einw.), 14 km
von Vrchlabí. Von der bereits
tief in den Bergen gelegenen

*Liberec, vor dem Zweiten Welt-
krieg ein Zentrum der Deutschen*

*Wuchtig thront auf zwei Basalt-
felsen die Burgruine Trosky*

Die Schneekoppe

4

Seite 63

ehemaligen Bergmannssiedlung führt ein Sessellift auf den 1241 m hohen *Mĕdvedín*. Von hier aus kann man eine rund zweistündige Wanderung bis zur *Elbquelle (Labská studánka)* unternehmen. Sie führt über den *Krkonoš*, vorbei am 40 m hohen Wasserfall des jungen Flusses. Eine richtige Quelle hat der Wasserlauf freilich gar nicht. Er entsteht vielmehr aus kleinen Adern, die aus den sumpfigen Kammwiesen hervorsprudeln. Wichtige Ferienorte sind außerdem die Glasschleiferstadt **Harrachov**, der Kurort **Janské Lázně** und **Pec pod Sněžkou**, von hier führt auch eine Seilbahn auf den Gipfeln der Schneekoppe.

ℹ Amika, 54351 Špindlerův Mlýn, ☎ (04 38) 9 36 17, 🖷 9 37 67.

🏨 Harmony, Špindlerův Mlýn, ☎ (04 38) 96 91 11, 🖷 92 96 39. Führendes Hotel am Platz, mit Kasino, Hallenbad und Sauna. $⟩⟩
Golden, Harrachov 441, ☎ (04 32) 92 93 83. Zimmer mit Balkon, im Grünen. $⟩⟩
Luční dům, Jánské Lázně, ☎ (04 39) 94 25 83. Kleines Hotel im Grünen. $⟩
Labská bouda, Špindlerův Mlyn, ☎ (04 38) 9 32 21. Traditionsreiches Berghotel. $⟩
Pension Slavie, Okružní 134, Špindlerův Mlýn, ☎ (04 38) 9 33 06. Sehr einfache Pension. $
⚠ **Špindlerův Mlýn,** ☎ (04 38) 9 35 34.

🏨 Im Riesengebirge sind die Restaurants in den Hotels zu bevorzugen.

Trutnov (*Trautenau;* 31 000 Einw.), 355 km, wird auch als „Tor zu Rübezahls Reich" bezeichnet, und auf dem Marktplatz steht passenderweise der *Rübezahlbrunnen*. Von der geheimnisvollen Stimmung der Geschichten über den guten Geist des Krkonoše ist in der Industriestadt heute freilich nichts mehr zu spüren. Die ehemalige „Perle des Riesengebirges" ist Zentrum der Flachsspinnerei und wichtiger Eisenbahnknotenpunkt.

Mehr Sagenromantik verspricht da ein Abstecher zu den **★★ Felsenstädten** von *Adršpach* und *Teplice nad Metuji* (*Adersbach* und *Wekelsdorf;* ca. 40 km). Über Jahrtausende hinweg haben Wind und Regen eine ehemals massive Sandsteinplatte ausgehölt. Entstanden sind bizarre Felsengebilde, die so malerische Namen wie *Rübezahls Zahn* oder *Rübezahls Lehnsessel* tragen.

Märchenhaft ist auch ein Ausflug ins **★ Tal der Großmutter** (*Babiččino údolí),* das seinen Namen nach dem Hauptwerk von Božena Němcová (1820–1862) trägt. Es liegt bei *Česká Skalice,* wo die wohl beliebteste tschechische Schriftstellerin ihre Kindheit und Jugend verbracht hat. Später mußte sie dann mit ihrer Arbeit die ganze Familie durchbringen. Die in der Umgebung liegenden Handlungsorte ihrer Erzählung – so z. B. *Schloß Ratibořice* – werden bis heute sorgfältig gepflegt.

Wer böhmisches Barock und böhmische Renaissance liebt, wird in diesem Teil des Landes ganz sicher keine Enttäuschung erleben.

In **Náchod** (*Nachod;* 21 000 Einwohner), 390 km, wurde die *Wachburg* an der polnischen Grenze in diesen Stilen umgebaut. Entstanden ist dabei eine mächtige dreiteilige Anlage mit einem französischen Garten, die seit der Mitte des 17. Jhs. den Piccolominis gehört. Der dieser Familie entstammende Leibwächter Waldsteins verriet die geheimen Pläne des Feldherrn an Kaiser Ferdinand II., als Dank dafür erhielt er die Herrschaft über Náchod. Sehenswert sind besonders das Piccolomini-Portal sowie die frühbarocken Stukkaturen der Marienkapelle im mittleren Teil des Schlosses. Im Spanischen Saal verherrlicht ein Fresko den Feldmarschall.

ℹ nám. T. G. Masaryka 1, 54701 Náchod, ☎ (04 41) 2 14 19.

🏨 U beránka, nám. T. G. Masaryka 74, ☎ 2 00 00. Historisches Gebäude direkt am Hautplatz. $⟩

⌂ **U Slovana,** nám. T. G. Masaryka 2. Einfaches Gasthaus direkt am Hauptplatz. Ⓢ

Unendlich viel Barock wartet auch in **Kuks,** 8 km nordöstlich von Jaroměř, auf die Besucher. Es ist gewissermaßen ursprünglich, denn *Schloß* und *Spital* wurden von dem berühmten italienischen Architekten Giovanni B. Alliprandi als barocke Anlage konzipiert. Umbauten gab es nicht. Schloßtreppe und Spitaltreppe liegen in einer Achse, werden jedoch durch die Elbe getrennt.

Urheber des Ganzen war Graf Anton von Sporck, aufgeklärter Zeitgenosse Karls VI. Heute ist das Areal des ehemaligen Kurorts, der einst Karlovy Vary Konkurrenz machen wollte, zwar in weiten Teilen verfallen. Erhalten blieben jedoch die 34 *★Barockplastiken* des Innsbrucker Bildhauers Matthias Bernhard Braun, allegorische Darstellungen der Tugenden und Laster.

Vom selben Künstler stammen auch die in Sandstein gemeißelten Figurengruppen in **Bétlem,** 3 km westlich von Kuks. Mitten im Wald, verwittert und von Moos überzogen, erzählen sie biblische Geschichten.

Seit der Wende des Jahres 1989 haben sich nicht zuletzt die Marktplätze Böh-

Rübezahl

Albrecht von Waldstein, der Schillersche Wallenstein

4

Seite **63**

Das Land Waldsteins

Wer durch Nord- und Ostböhmen reist, findet kaum eine Stadt, in der nicht zumindest ein Bauwerk mit dem Namen Albrechts von Waldstein (Valdštejn), des Schillerschen „Wallenstein", verbunden ist. Denn zum Dank für seine militärischen Erfolge im Dreißigjährigen Krieg erhielt der Feldherr von seinem Kaiser Herzogtum und Burg Frýdlant (Friedland) im äußersten Norden des Landes.

Das Bauwerk war bereits 1241 entstanden und später von Marco Spatio zu einem prächtigen Renaissance-schloß umgestaltet worden. Da die Öffentlichkeit, angeregt von Schillers Wallenstein-Drama, schon bald großes Interesse an der Anlage zeigte, wurde sie 1801 zur Besichtigung freigegeben.

Zur Hauptstadt seines Herzogtums machte Waldstein jedoch Jičín. Hier entstand ein Stadtschloß, er stiftete eine Kirche und ein Jesuitenkolleg. Geplant war die Gründung einer Universität, doch mit der Ermordung des Feldherrn im Jahr 1634 endete auch die Blütezeit der Stadt an der Pforte des Böhmischen Paradieses.

mens verändert. Waren sie während der Herrschaft des „realen Sozialismus" farblos und öde, entstehen nun immer neue Restaurants und Straßencafés, und unter den Arkaden der Barock- und Renaissancehäuser schlagen Händler ihre Stände auf. Und während die Plätze nach der kommunistischen Machtübernahme 1948 Namen wie „Siegreicher Februar" bekamen, werden inzwischen wieder die traditionellen Bezeichnungen verwendet.

So heißt auch der Marktplatz von *Hradec Králové (*Königgrätz;* 100 000 Einw.), 450 km, nicht mehr nach dem hussitischen Feldherrn Žižka, sondern wieder *Großer Platz,* der Husplatz wurde in *Kleiner Platz* umbenannt. Daß die beiden Reformatoren dem Zentrum der Stadt ihre Namen gaben, war jedoch nicht unberechtigt. Im 15. Jh. war Hradec Králové ein Stützpunkt der Reformation, Jan Žižka fand in der gotischen *Heiliggeistkathedrale (neben dem *Rathaus* und dem 68 m hohen *Weißen Turm*) eine erste Grabstätte.

Deutsche und Österreicher kennen den Ort an der Elbe jedoch wegen eines anderen historischen Ereignisses. Am 3. Juli 1866 fand in der Umgebung die Entscheidungsschlacht des „Deutschen Krieges" statt. Auf einer weiten Ebene bei Chulm, etwa 11 km nordwestlich, hatten die rund 200 000 Soldaten der Habsburger gegen das um 20 000 Mann stärkere preußische Heer keine Chance. 50 000 Menschen verloren ihr Leben, an sie erinnern ein Museum, ein Friedhof sowie unzählige Denkmäler auf dem einstigen Schlachtfeld. Die Baugeschichte von Hradec Králové ist leicht nachzuvollziehen. An der Stelle der erst 1884 abgetragenen Bastionen, die das Wachstum der Stadt ein Jahrhundert lang behindert hatten, entstand eine Ringstraße, die die Altstadt und einen großen Stadtpark umschließt. Westlich davon dehnt sich die Neustadt aus, sie wurde zu Beginn des 20. Jhs. nach Plänen der tschechischen Architekten Jan Kotěra und Josef Gočar angelegt. Beachtenswert

sind eine Reihe funktionalistischer Gebäude, sie machten Hradec Karlové zu einer der modernsten Städte des Landes.

❶ **Argo,** Velké nám., 50000 Hradec Králové, ☎ (0 49) 2 75 42.

🏠 **Alessandria,** ul. SNP 733, ☎ 4 50 50. Großes Hotel am Stadtrand in der Nähe eines Sportzentrums. Ⓢ
Černigov, Riegrovo nám. 1494, ☎ 3 70 56. Am Bahnhof. Ⓢ
🏠 **U radnice,** Velké nám. 39. Gehobene Küche beim Rathaus. ⓈⓈ
U Zezuláků, Na Hrázce 229. Mit eigener Brauerei. Ⓢ

Böhmisches Glas

Nach dem Zweiten Weltkrieg gründete eine Gruppe von Sudetendeutschen im bayerischen Kaufbeuren die Siedlung Neugablonz. Ihren Namen erhielt sie nach der ehemaligen Heimat der Vertriebenen, Jablonec nad Nisou (Gablonz an der Neiße). Der tschechische Ort war ein bedeutendes Zentrum der Glas- und Schmuckherstellung gewesen. Innerhalb weniger Jahre gelang es den Umsiedlern, sich auch in Deutschland einen Namen zu machen.

Die Geschichte der Glasherstellung in Böhmen begann im 16. Jh., als sich deutsche Hüttenunternehmer, angelockt vom Waldreichtum und der Armut der Bewohner, im Isergebirge niederließen. Hergestellt wurden die Perlen für die nach ganz Europa exportierten Schmuckstücke meistens in – schlecht bezahlter – Heimarbeit: Mit Erdwachs versetztes Petroleum reichte aus, um den Rohstoff zum Schmelzen zu bringen. An die Arbeit der Glasbläser erinnert ein Museum am Jablonecer Švermovo náměstí. Hier werden auch moderne Erzeugnisse der tschechischen Glaskunst ausgestellt.

Planmäßig angelegt wurde die zweite wichtige Großstadt Ostböhmens, **Pardubice** (*Pardubitz;* 95 000 Einw.), 475 km. Im Jahr 1507 hatte ein Feuer weite Teile der Altstadt zerstört, eine Gelegenheit, die sich der mährische Adelige Wilhelm von Pernstein nicht entgegen ließ. Nach seinen Vorstellungen wurde der Ort im Stil der Renaissance völlig neu errichtet. Nach den Gründerfamilie heißt auch der ** *Marktplatz,* ein Musterbeispiel böhmischer Baukunst des 16. und 17. Jhs. Ein Neorenaissancegebäude ist dagegen das * *Rathaus* (1894), seinen Fassadenschmuck bilden Sgraffiti des tschechischen Malers Mikoláš Aleš.

Das *Grüne Tor* führt auf den Náměstí Osvobození. Hier stehen die *St.-Bartholomäus-Kirche* und das *Ostböhmische Theater,* beide mit Fassadenmosaiken im Jugendstil. Durch die Zamecká-Gasse kommt man zum 1519 bis 1543 errichteten * *Wasserschloß* der Pernsteins mit seinem reich verzierten Portal. Der Innenhof wird von zweigeschossigen Arkaden gesäumt.

Am Ort findet seit 1874 das *Große Pardubitzer Steeple Chase* statt. Trotz heftiger Proteste der Tierschützer gegen das mörderische Hindernisspringen hat sich der Gemeinderat bisher nicht zu einer Absage durchringen können.

❶ Třída Mírů 94, 53002 Pardubice, ☎ (0 40) 51 27 76.

Ⓗ **Labe,** Masarykovo nám. 2633, ☎ 5 96. Hotelkomplex in Zentrumsnähe. Ⓢ
Garni Sythesia, Bělehradská 458, ☎ 4 50 86. Sehr einfach. Ⓢ

Ⓡ **Vinárna Císařský mlýn,** Pernštyňská 15. Gartenrestaurant in einer alten Mühle hinter dem Rathaus. Ⓢ
U bílého koníčka, Pernštýské nám. 60. Am Hauptplatz. Ⓢ

Bei der Rückfahrt kann man einen Abstecher nach Kolín und nach dem mittelalterlichen Kutná Hora (s. S. 74) machen. Bis *Prag* (s. S. 24) sind es dann noch rund 100 km.

4

Seite 63

Die Heiliggeistkathedrale von Hradec Králové

Pardubice: Detail am Ostböhmischen Theater

In Hradec Králové

Polyglott **71**

Route 5

Zwischen Böhmen und Mähren: Von Prag nach Brünn

*** Praha – ** Kutná Hora (Kutten-
berg) – Havlíčkův Brod (Deutsch-
Brod) – ** Jihlava (Iglau) – ** Telč
(Teltsch) – Jaroměřice (Jarmeritz) –
Třebíč (Trebitsch) – ** Brno (281 km)

Auf der Böhmisch-Mährischen Höhe
(Českomoravská vrchovina) dauert
der Winter lange. Wenn es unten, im
Tal der Sázava, schon vorsichtig zu
grünen beginnt, sind die Felder hier
oben frühmorgens von einer dünnen
Schneeschicht überzogen. Und
auch im Frühsommer hebt sich der
Morgennebel oft erst am späten Vor-
mittag. Nur langsam erhalten die
Hügel dann ihre Konturen zurück.
Das Grau macht einem hellen Grün
und dem Gelb der Rapsfelder Platz,
und immer wieder setzt das Rot
des Klatschmohns Akzente. Grau blei-
ben jedoch die Dörfer, den Menschen
hier ging es nie besonders gut.

Der Reichtum der Hochebene lag in
den Städten wie Kutná Hora oder
Jihlava. Hier wurde im Mittelalter
Silbererz abgebaut. Mächtige gotische
Kirchen zeugen von der damaligen
Bedeutung dieser Orte. Heute hingegen haben viele Probleme mit der
Umwandlung der Wirtschaft. In Kolín
und Kutná Hora produziert man vor
allem Lebensmittel, doch gerade diese
werden seit der Wende in großem
Umfang aus dem westlichen Ausland
importiert. Der Eilige kann die
200 km zwischen Prag und Brünn
auch der Autobahn zurücklegen und
nur eine Pause in Jihlava einlegen;
wer mehr Zeit hat, sollte für die
Strecke zwei Tage einplanen.

Sonntagnachmittag in der kleinen
Stadt **Kolín** (*Kolin;* 31 000 Einw.),
56 km östlich von Prag (s. S. 24). Die
Gassen der Altstadt sind menschenleer,
nur auf dem Marktplatz sitzen ein paar
alte Männer in der Sonne. Das Restaurant gegenüber dem Rathaus ist geschlossen, ein anderes scheint es nicht
zu geben. Aus den geöffneten Fenstern
der Häuser tönt eine Fußballübertra-
gung. Auf Touristen ist man hier nicht

eingestellt. Daß die Besucher trotzdem in die Industriestadt an der Elbe kommen, hängt mit einem einzigen Bauwerk zusammen: der **St.-Bartholomäus-Kirche*. Hier schuf der Prager Baumeister Peter Parler zwischen 1360 und 1378 einen der bedeutendsten gotischen Chöre im östlichen Mitteleuropa. Die Bauarbeiten an der dreischiffigen Hallenkirche mit ihren beiden achteckigen Türmen hatten bereits

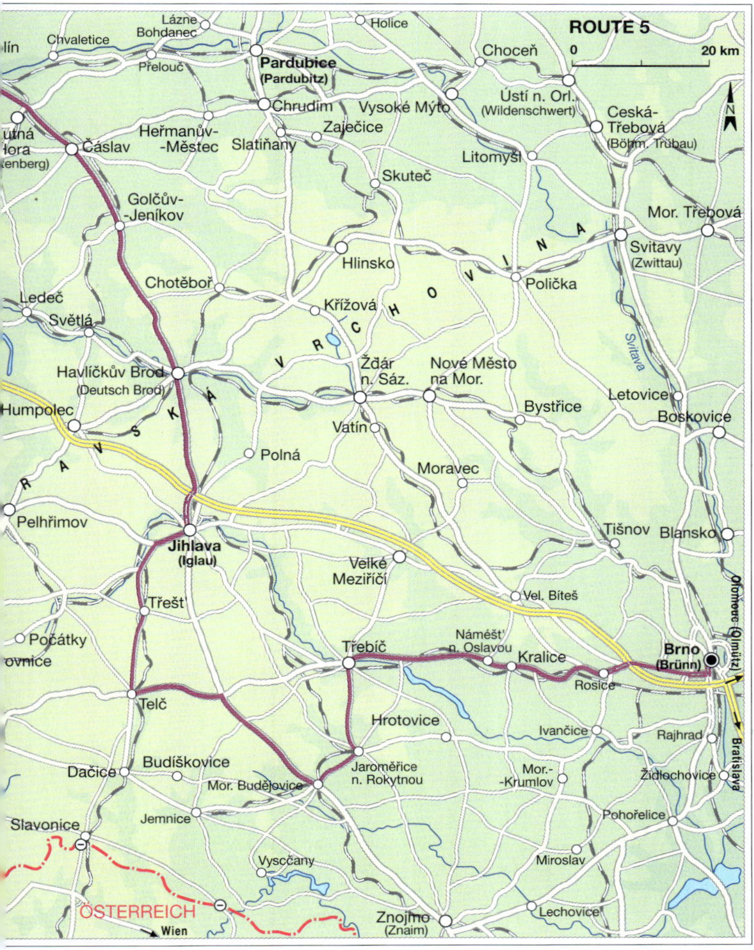

ROUTE 5

0 — 20 km

Lázne Bohdanec · Holice · Chvaletice · Choceň · lín · Přelouč · **Pardubice (Pardubitz)** · Ústí n. Orl. (Wildenschwert) · Chrudim · Vysoké Mýto · Česka-Třebová (Böhm. Trübau) · Heřmanův--Městec · Zaječice · Slatiňany · Litomyšl · urná lora (enberg) · Čáslav · Skuteč · Golčův--Jeníkov · Mor. Třebová · Hlinsko · Svitavy (Zwittau) · Chotěboř · Polička · Ledeč · Křížová · Světlá · Havlíčkův Brod (Deutsch Brod) · Žďár n. Sáz. · Nové Město na Mor. · Letovice · Humpolec · Vatín · Bystřice · Boskovice · Polná · Moravec · Pelhřimov · Tišnov · Blansko · Jihlava (Iglau) · Velké Meziříčí · Třešť · Vel. Bíteš · Počátky · ovnice · Třebíč · Náměšť n. Oslavou · Kralice · **Brno (Brünn)** · Rosice · Telč · Hrotovice · Ivančice · Rajhrad · Budíškovice · Jaroměřice n. Rokytnou · Mor.--Krumlov · Židlochovice · Dačice · Mor. Budějovice · Jemnice · Pohořelice · Slavonice · Vysčany · Miroslav · ÖSTERREICH · Znojmo (Znaim) · Lechovice · Wien · Olomouc (Olmütz) · Bratislava

VRCHOVINA

5

Seite 73

1257 begonnen. Parler ließ jedoch das bei einem Brand im Jahr 1349 beschädigte Presbyterium abreißen und einen Umgangschor mit sieben Chorkapellen und einem komplizierten Kreuzrippengewölbe errichten.

Im Unterschied zum St.-Veits-Dom in Prag sind die Chorwände dieses Gotteshauses nicht drei-, sondern zweiteilig, und auch die breiten, ungegliederten Außenflächen passen gut zu einer Provinz-Pfarrkirche. Die massive Bauweise vermittelt dem Gläubigen den Eindruck von Schutz und Sicherheit – und der war während der jahrzehntelangen Religionskriege willkommen.

❶ **Čedok,** Kmochova 406, 28030 Kolín, ☏ (03 21) 2 53 48, 📠 2 06 07.

🏠 **Pension U Rabína,** Karol. Svet'lé 151, ☏ 2 44 63. Mit nettem Restaurant. ⑤

Pension Pod Věží, Parléřova 40, ☏ 2 38 77. Auch hier kann man gut essen. ⑤

🍴 **Naivní restaurace,** Rubešová 54. Einfache Gaststätte im Zentrum. ⑤

Viele Städte Böhmens sind steingewordene Geschichte. Mittelalterliche Prosperität prägten sie ebenso wie die Verwüstungen in den Glaubenskriegen und die Jahre der Gegenreformation. **★★Kutná Horas** (*Kuttenberg;* 21 000 Einw.), 66 km, Aufstieg fällt in die wirtschaftliche und kulturelle Blütezeit des 13. und 14. Jhs., damals war es die zweitgrößte Stadt Böhmens. Seine Bedeutung beruhte auf den reichen Silbergruben, in Kuttenberg wurde der in ganz Europa als Zahlungsmittel anerkannte Prager Groschen geprägt. Gotisch sind die beiden wichtigsten Kirchen der Stadt, gotisch ist das *Steinerne Haus* am Václavské náměstí und das *Kastell* in der Barborská ulice. Und auch die Altstadtgassen haben ihren mittelalterlichen Charakter bewahrt.

Der Abstieg der Bergbaustadt begann im 16. Jh., als die Silbererzvorkommen weitgehend ausgeschöpft waren. Im Jahr 1726 wurde die Münze endgültig geschlossen. Im Stil des Barock entstanden daher nur drei bedeutendere Bauwerke: Das *Jesuitenkolleg* an der Barbaragasse, das *Ursulinenkloster* an der Poděbradová und die Kirche *St. Johannes von Nepomuk* in der Husová. Insgesamt aber gilt: Kutná Hora ist nach Prag diejenige böhmische Stadt

Das Ghetto von Kolín

Die jüdische Gemeinde von Kolín war nach der in Prag die zweitgrößte Böhmens. Bereits im 14. Jh. ließen sich die ersten jüdischen Familien in unmittelbarere Nähe der Bartholomäuskirche nieder. Obwohl die Einheimischen immer wieder versuchten, sie loszuwerden, entstand zwischen den Straßen K. Svělé, Zlatá und Na hradbach bald eine ansehnliche Siedlung. Sie bestand aus einer Synagoge, einer Schule (beide in der Straße Na hradbach 157/12) und rund 50 Häusern. Einige von ihnen stehen noch, gut zu erkennen ist, daß die Menschen hier nicht nur lebten, sondern auch arbeiteten: Eine Tür führt jeweils in das Treppenhaus zum ersten Stock, eine zweite in die Werkstatt bzw. den Laden.

Bis heute warten die Gebäude jedoch auf ihre Renovierung, niemand weiß, wem sie gehören. Viele der ehemaligen Besitzer emigrierten während der nationalsozialistischen Besetzung gerade noch rechtzeitig in die USA. 2202 jüdische Bürger Kolíns wurden 1942 nach Theresienstadt deportiert.

Der jüdische Friedhof der Stadt, auf dem bis 1887 beerdigt wurde, liegt in der Kmochova-Straße, fünf Gehminuten östlich des Marktplatzes.

mit den meisten historischen Baudenkmälern.

Mittelpunkt ist der von Arkadenhäusern gesäumte *Palacký-Platz*. Vorbei an einer Statue des Journalisten Karel Havlíček Borovský gelangt man zum ** *Welschen Hof (Vlašský dvůr)*. Ende des 13. Jhs. errichtet, erhielt er seinen Namen von den ersten, aus Italien in die Stadt gekommenen Münzprägern.

Die Glasfenster der Barbarakirche

Ein kleines *Museum* illustriert die Geschichte der ehemaligen Münze. In dem Gebäude wohnten auch die Mitglieder des Herrscherhauses bei ihren zahlreichen Besuchen in Kutná Hora. 1471 wählten die böhmischen Stände hier den Polen Vladislav Jagiello zu ihrem König.

In die Geschichte eingegangen sind die Räumlichkeiten auch, weil hier das „Kuttenberger Dekret" unterzeichnet wurde: Am 18. Januar 1409 stimmte Václav IV. einer Änderung der Verfassung der Prager Karlsuniversität zu, die die nichtböhmischen Studenten und Lehrkräfte stark benachteiligte. Da die Anhänger der Reformation unter Führung des damaligen Universitätsrektors Jan Hus nun im Senat die Mehrheit hatten, verließen rund 1000 angehende Wissenschaftler und Professoren Prag, und gründeten in Leipzig eine neue Forschungs- und Lehranstalt.

Leichtigkeit und Eleganz prägen das Innere dieses Baus

Neben dem Welschen Hof erhebt sich die zwischen 1330 und 1420 errichtete * *St.-Jakobs-Kirche*. Wer die Malerei des Barock liebt, kommt hier auf seine Kosten. Werke der berühmtesten böhmischen Künstler dieser Epoche verleihen dem kühlen Innenraum Wärme und Bewegung: Von Peter Brandl und Franz Xaver Balko stammen die „Heilige Dreifaltigkeit" (1734) und der „Hl. Jakobus" (1752), von Karel Škréta die Kopie einer Pietà von Annibale Carracci (1673).

In diesem Haus wohnte Karel Havlíček Borovský

Bedeutendstes Bauwerk der Stadt ist die der Schutzpatronin der Bergleu-

5

Seite 73

te geweihte **Barbarakirche*. Weithin sichtbar ist ihr ungewöhnliches dreiteiliges Zeltdach, ein ansonsten weitgehend unbekannter Meister Vaněk ließ es der fünfschiffigen Kathredrale 1532 aufsetzen.

Bereits eineinhalb Jahrhunderte davor hatten die Minenbesitzer der Stadt Peter Parler mit dem Entwurf eines Bauplans beauftragt. Die 1388 begonnene Arbeit wurde jedoch durch die Hussitenkriege unterbrochen, erst im Jahr 1481 konnte sie wiederaufgenommen werden.

Am Dom arbeiteten nun Magister Hanuš und der Baumeister des Prager Pulverturms, Matthias Rejsek. Von ihm stammt das Gewölbe im Chor. Das weitaus kompliziertere Schleifsterngewölbe im Hauptschiff entwarf dagegen Benedikt Ried, Ähnliches verwirklichte er auch im Wladislawsaal auf der Prager Burg. Und wie auf dem Hradschin versuchte der Architekt auch hier, den Eindruck der Schwerelosigkeit zu vermitteln. Die Pfeiler sind schmal, kaum vorstellbar, daß sie das Gewölbe tragen. Die Seitenschiffe sind zweigeteilt: Über dunklen, zum Teil ausgemalten Kapellen erheben sich hohe, weiträumige Emporen.

❶ **Čedok,** Palackého nám. 330, 28401 Kutná Hora, ☎ (03 27) 23 31, 🖷 35 10.

🏠 **Mědínek,** Palackého nám. 316, ☎ 27 41. Am Hauptplatz, hier gibt es auch ein gutes Restaurant und eine Weinstube. ⑤

🏠 **Svatá Barbara,** Kremnická 909. Am Rand des Stadtzentrums mit Blick auf die Barbarakirche, Terrasse, Bier aus Kutná Hora. ⑤

Eine Bergbaustadt ist auch **Havlíčkův Brod** (25 000 Einw.), 112 km. Den Namen des tschechischen Journalisten Karel Havlíček Borovský (1821–1856) trägt sie seit dem Maiaufstand 1945. Davor hieß sie *Deutsch-Brod (Německý Brod),* bis zum Ende des Zweiten Weltkriegs sprach hier die Mehrheit der Einwohner deutsch. Sächsische Bergleute waren schon im 13. Jh. zur Förderung des Silbererzes in die Stadt an der Sázava gekommen. Das *Wohnhaus von Borovský* steht am Marktplatz (Havlíčkovo nám.), in den Räumlichkeiten wird an die Arbeit des von den Habsburgern verfolgten Demokraten erinnert. Schön ist der dreistöckige Erker des Gebäudes, der in einem spitzen Dach ausläuft.

❶ **ADA–Tour,** Havlíčkovo nám. 56, 58001 Havlíčkův Brod, ☎ (04 51) 2 34 64.

🏠 **Slunce,** Jihlavská 1985, ☎ 2 14 81. Gut ausgestattetes Hotel am Stadtrand. ⑤

🏠 **Vinárna U Janáčků,** Smetanovo nám. Frisch renovierte Weinstube. ⑤

An der Grenze zwischen Böhmen und Mähren liegt **Jihlava** (*Iglau;* 55 000 Einw.), 133 km, die dritte und älteste Bergbaustadt auf dieser Reise. Und auch hier waren es Deutsche, die bereits Anfang des 13. Jhs. am Fluß Igel (Jihlava) eine Siedlung gründeten.

Das von König Václav IV. erlassene Bergbaurecht von Iglau galt bis ins 16. Jh. für das ganze Königreich. Selbst die wichtigste Silberstadt Mitteleuropas, das im Erzgebirge liegende Freiberg, übernahm es. Die Bedeutung Jihlavas sank als seine Silberminen im 14. Jh. erschöpft waren und die böhmischen Herrscher die Münzprägung auf Kutná Hora konzentrierten. Neuen Reichtum erlangte die Stadt durch die Tuchmacherei. Ein *Museum zur Geschichte des Bergbaus* ist in einem – besonders von innen – sehenswerten *Patrizierhaus* am Marktplatz untergebracht (Masarykovo nám. 57/58).

Noch Ende des 19. Jhs. waren über 75 Prozent der Einwohner Iglaus Deutsche. Von ihrem Reichtum zeugen die Gründerzeithäuser, die außerhalb der ehemaligen Stadtmauer entstanden. Der einst vielgerühmte **Marktplatz** – mit einer Länge von 328 m und einer Breite von 114 m gehört er zu den größten Europas – hat dagegen viel von seinem Reiz verloren. Zwar gibt es hier inzwischen einige nette Straßencafés, wenige Jahre vor der Wende ließ die Stadtverwaltung jedoch ein Ensemble von mittelalterlichen Häusern abreißen. An ihrer Stelle entstand ein Einkaufszentrum.

An der Nordostecke des Marktplatzes, der den Namen des Staatsgründers Masaryk trägt, steht die barocke * Kirche St. Ignaz (1680–1689). Ihr kostbarster Schatz ist das Přemyslidenkreuz, ein gotisches Kruzifix, das vermutlich König Přemysl Otakar II. stiftete.

Im benachbarten ehemaligen Kolleg des früher hier ansässigen Jesuitenordens, das 1699 auf der Fläche von 23 konfiszierten Hausgrundstücken errichtet wurde, befindet sich der Eingang zu den *Versorgungskellern* der Stadt. Die 25 km langen Gänge, die besichtigt werden können, wurden im 16. Jh. angelegt, in Kriegszeiten suchte hier die Bevölkerung Schutz.

Eine gelungene architektonische Komposition blieb wenige Schritte entfernt erhalten. Portal und Turm des *Rathauses* liegen in einer Blickachse mit dem *Poseidonbrunnen* und dem * *Muttergottes-Stadttor.* Dieses steht zwar kurz vor dem Zusammenbruch, läßt aber einen Eindruck vom mittelalterlichen Jihlava entstehen.

Eine einzigartige und ungewöhnliche Vielfalt der Baustile weist die * *St.-Jakobs-Kirche* in der Farní ulice aus. Sie hat zwei unterschiedliche Türme, ihr Fundament und Teile des Chors sind romanisch, die dreischiffige Halle ist gotisch, die Inneneinrichtung barock. Schön ist ein achteckiges Taufbecken (1599) mit Szenen aus dem Leben Jesu. Es stammt aus der Renaissance.

❶ Kosmákova 1, 58601 Jihlava, ☏ (0 66) 7 31 07.

🏨 **Grandhotel,** Husová 1, ☏ 2 35 41, 📠 2 95 38. Traditionsreiches Hotel mit zwei Restaurants und Weinstube. Ⓢ〽️

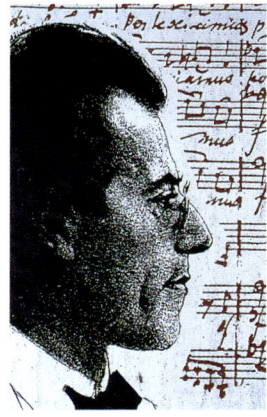

Der Komponist und Dirigent Gustav Mahler (1860–1911)

Der junge Gustav Mahler

Jihlava – das ist natürlich auch die Stadt Gustav Mahlers. Im Oktober 1860, wenige Monate nach seiner Geburt, waren die Mahlers vom mährischen Dorf Kaliště an die Iglau gezogen. Vorausgegangen war ein Gesetz, das den Juden Freizügigkeit gewährte. Hier wie dort betrieb der Vater eine Schankwirtschaft, und schon bald war die Familie im Besitz zweier Häuser in der Znojemská.

In Jihlava besuchte Gustav Mahler die Grundschule und das Gymnasium, schon mit zehn Jahren soll er sich sein Taschengeld als „redlicher Fiedler" verdient haben. Sein erstes großes Klavierkonzert gab er mit zwölf, vor 800 Zuhörern spielte er bei einer Veranstaltung seiner Schule Klaviervariationen von Liszt. Bis zum wirklichen Beginn seiner Musikerkarriere fehlten damals noch drei Jahre. 1875 verließ Mahler seine Heimatstadt und ging nach Wien. In der Kosmaková ulice 9 gibt es seit kurzem eine Austellung über die Jugend des Komponisten.

5

Seite **73**

Gustav Mahler, Křížová 4, ☏ 2 73 71. In einem Teil des Dominikanerklosters nahe dem Marktplatz. ⓢ

⌂ **Radnická restaurace,** Masarykovo nám. Wirklich gutes Restaurant beim Rathaus. ⓢⓈⓈ

U Matěje, Palackého 17. Einfach und gut. ⓢ

Brände haben in Böhmen das Gesicht vieler Orte verändert. Die südmährische Stadt ** **Telč** (*Teltsch;* 6000 Einw.), 165 km, hatte ihr großes Feuer im Jahr 1530. Danach entstand rund um den ** *Hauptplatz* innerhalb weniger Jahre ein geschlossenes und einheitliches Renaissance- und Frühbarockensemble. Ein- bis zweistöckige Häuser mit jeweils drei Arkaden reihen sich aneinander wie Perlen auf einer Schnur. Nur die Giebel haben die unterschiedlichsten Formen. Von einem der Straßencafés aus kann man sie in aller Ruhe studieren.

Renaissancebauten sind aber nicht nur die Häuser am Marktplatz, sondern auch das seine nordwestliche Seite abschließende * *Schloß der Herren von Hradec.* Daß es sich um eine ehemalige Wasserburg handelt, sieht man freilich nur von der anderen Seite: Dort liegt einer der drei Teltscher Teiche, die den historischen Stadtkern fast zu einer Insel werden lassen. Das Besondere des Schlosses sind seine Decken: Die Besitzer hatten eine Vorliebe für Holzkassetten, ihre Farben und Formen gaben den verschiedenen Zimmern die Namen. In der Schloßkapelle liegen in einem weißen Marmorsarkophag Zacharias von Hradec (gest. 1589) und seine Gattin Katharina von Waldstein (gest. 1571) begraben. Der Legende nach war die junge Frau an ihrem Tod nicht ganz unschuldig. Sie ließ sich während ihrer Schwangerschaft malen – und dies trotz der Warnung, daß sie so innerhalb eines Jahres nach der Geburt ihres Kindes sterben müsse.

Eine andere Geschichte erzählt von Berta von Rosenberg, der „Weißen

Frau". Da die Adelige von ihrem Vater zur Heirat mit dem Grafen Liechtenstein gezwungen wurde, zeigte sie sich nach seinem Tod nur noch in einem weißen Witwengewand – wie eine Braut, die auf die Rückkehr des wahren Geliebten wartet. Da Liechtenstein ihr die fehlende Zuneigung jedoch nie verziehen hatte, fand Berta von Rosenberg auch nach ihrem Tod keine Ruhe. Als Geist, so heißt es, zieht sie seitdem umher. Ihr Bild hängt im Jagdsaal des Schlosses.

❶ Im Rathaus am Marktplatz, nám. Zachariáše z Hradce 2, 58856 Telč, ☏ (0 66) 96 25 77.

⌂ **Černý orel,** nám. Zachariáše z Hradce 7, ☏ 96 22 21. Mit Terrasse. ⓢ
Telč, Na Mustku 37. Kleines, frisch renoviertes Hotel in unmittelbare Nähe des Marktplatzes. ⓢ
⌂ **U Zachariáše,** nám. Zachariáše z Hradce 33. Einfaches Restaurant mit Terrasse. ⓢ

Sehr viel weniger geheimnisvoll geht es dagegen in **Jaroměřice** (*Jarmeritz;* 3000 Einw.), 208 km, zu. Seit dem Ende des 17. Jhs. gilt das dortige ** *Schloß* als eine Hochburg der Barockmusik. Hier entstand die erste tschechischsprachige Oper des Landes, die vom „Ursprung der Stadt Jarmeritz in Mähren" erzählt. Komponiert wurde sie von František Míča, einem Kammerdiener. Auch heute noch finden jedes Jahr im Sommer Musikfestspiele statt, für die die dreiflügelige Barockanlage eine eindrucksvolle Kulisse liefert.

Jaroměřice zählt zu den größten Schlössern Mitteleuropas, sein besonderer Reiz liegt aber darin, daß dies hier niemanden besonders zu interessieren scheint. Erst seit kurzem macht man sich an die notwendigen Ausbesserungsarbeiten, im Park pflanzten Gärtner die ersten Blumen. Umgebaut wurde die ehemals gotische Burg im Laufe von drei Jahrhunderten mehrfach, ihr heutiges Aussehen erhielt sie in den Jahren 1711–1737 unter der Leitung des Italieners Domenico d'Angeli. Von dem Österreicher Lucas von Hildebrandt stammt dagegen die auf elliptischem Grundriß errichtete *Schloßkirche* (1715–1739). Der Architekt verwirklichte hier den Bau einer der ersten ganz großen Barockkuppeln des Landes.

Eines der ältesten Klöster Mährens steht in **Třebíč** (*Trebitsch;* 37 000 Einwohner), 224 km. Zu Beginn des 12. Jhs. wurde es von zwei Přemyslidenfürsten gegründet. Von der ursprünglichen Anlage der Benediktiner blieben jedoch allein Teile der romanisch-gotischen Basilika erhalten. Besonders bemerkenswert ist ihr „himmlisches" Nordportal, die *Porta paradisii*. Anschauen sollte man sich auch die Wandmalereien in der Sakristei.

Der Hauptplatz von Telč

Das Kloster wurde später barockisiert. Jetzt hat hier das *Westmährische Museum* seinen Sitz, nicht nur für Kinder ist seine – weltweit vielleicht einzigartige – Sammlung von Weihnachtskrippen gedacht. Amateurkrippenbauer, aber auch Profis fertigten aus Papier, Pappe und Holz gewaltige Phantasieszenerien.

ℹ **Čedok Třebíč,** Karlovo nám. 33, 67401 Třebíč, ☎ (06 18) 42 81.

🍴 **Vinárna U hroznu,** Karlovo nám. 52. Einfaches Lokal am Hauptplatz, mährische Weine aus Znojmo. Ⓢ

Das Telčer Renaissanceschloß

Ein sehenswertes *Renaissanceschloß* gibt es in **Náměšť nad Oslavou** (*Namiest an der Oslava;* 4500 Einw.), 246 km. Gezeigt wird eine Sammlung von 22 flämischen und niederländischen Gobelins aus dem 16.–19. Jh.

In der ehemals gotischen Burg, die sich inmitten einer Terrassenanlage über dem Fluß Oslava erhebt, befand sich im 16. Jh. eine Druckerei, in der nach ihrer Verlegung ins nahe Dorf Kralice die erste tschechische Bibel gedruckt wurde. Über den Fluß führt eine *Steinbrücke*, die mit ihren 20 Barockfiguren ein wenig an die Prager Karlsbrücke erinnert. Bis *Brno* (s. S. 34) sind es noch 35 km.

Seite 73

5

In der Basilika von Třebíč

Route 6

Sanfte Hügel und weite Ebenen: Rundfahrt durch Südmähren

** Brno – Kroměříž (Kremsier) – Uherské Hradiště (Ungarisch-Hradisch) – Strážnice (Straßnitz) – **** Valtice (Feldsberg) – ** Mikulov (Nikolsburg) – * Znojmo (Znaim) – ** Vranov (Frain) – ** Brno (262 km)**

Man ist noch in der Tschechischen Republik, aber doch auch in einem anderen Land. Mähren – besonders sein südlicher Teil – ist anders als Böhmen. Alles scheint weicher, weiter, fließender. Es gibt keine Berge, sondern Hügel, kaum sind Wälder zu finden – eine Landschaft, die den Besucher in ihren Bann zieht: Wer zum ersten Mal von den Felsen der Pávlover Höhen auf die Seen bei Nové Mlýny herunterschaut, möchte es immer wieder tun.

Seite 81

Mährens Farben sind Grün, Gelb und Gold. Den Menschen ist es gelungen, trockenes Land fruchtbar zu machen. Nach Arbeitsschluß fahren sie in ihre Obstgärten und Weinberge, rund um Mikulov stellt fast jeder seinen eigenen Traminer oder Ruländer her. Die Schönheit der Region wußte auch der Adel zu schätzen. Nirgends sind die Schlösser prächtiger, die Parkanlagen größer als in Südmähren. Nirgends scheint aber auch der katholische Glaube lebendiger. Kein Marktplatz ohne Mariensäule, keine Straße ohne Kruzifix. Kirchweih ist in Mähren eines der wichtigsten Feste. Aber vielleicht auch nur, weil der Wein dann in Strömen fließen kann. Drei Tage braucht man mindestens, um diese Landschaft und ihre Baudenkmäler kennenzulernen.

Vielleicht sind die Menschen in Mähren so gelassen, weil sie soviel Unheil erlebt haben. Immer, und immer wieder wurde ihr Land überfallen, wurden Städte in Brand gesteckt.

Hussiten und Schweden belagerten die Dörfer in den Glaubenskriegen, die Preußen zogen gegen Maria Theresia ins Feld, die Nazis okkupierten die Schlösser des mährischen Adels.

Napoleon erfocht seinen größten Sieg bei *Austerlitz*, **Slavkov u Brna** heißt der Ort der Dreikaiserschlacht in Mähren auf tschechisch; rund 20 km liegt er von Brünn entfernt. 7000 Franzosen sowie 27 000 Österreicher und Russen verloren hier am 2. Dezember 1805 ihr Leben, an ihren Tod erinnert ein 1910/11 errichtetes Ehrenmal auf dem *Friedenshügel*, dem *Mohyla míru* (etwa 10 km westlich von Slavkov).

Die Geschichte des 19. Jhs. wird auch im ****** *Schloß* von **Kroměříž** (*Kremsier;* 30 000 Einw.), 75 km, lebendig. In seinem Festsaal beriet 1848–1849 das österreichische Parlament über die erste Verfassung der Habsburgermonarchie. Überreich ist der zweistöckige Raum mit vergoldetem Stuck und Rauchglasleuchtern geschmückt, in einer Ecke ist ein Modell der damaligen Sitzverteilung des Landtags aufgestellt.

Die Stadt war seit ihrer Gründung im 11. Jh. im Besitz der Bischöfe und Erzbischöfe von Olomouc. Das heutige Barockschloß, die Sommerresidenz der Kirchenfürsten, wurde unter Bischof Liechtenstein-Castelkorn 1664–1695 an der Stelle einer alten Burg errichtet. Die hiesige *Gemäldegalerie* gilt als bedeutend, viele Bilder werden aber ungünstig beleuchtet. Kostbarstes Exponat ist Tizians „Schindung des Marsyas durch Apollo". Nicht entgehen lassen sollte man sich die 233 m lange * **Kolonnade** im Blumengarten von Kroměříž.

❶ Kovářská 1, 76711 Kroměříž, ☎ (06 34) 2 12 19, 🖷 2 14 62.

Ⓗ **Bouček,** Velké nám. 108, ☎ 2 52 50. Neu, nettes Restaurant. Ⓢ

Ⓡ **Radnická vinárna,**
Kovářská 21. Weine aus
Valtice. Ⓢ

Bei **Uherské Hradiště** (*Ungarisch-Hradisch;* 26 000 Einwohner), 107 km, beginnt das
Gebiet der Mährischen Slowakei. Die Grenze zum Nachbarstaat ist nahe, da er früher
zum Königreich Ungarn ge-
hörte, entstand die Stadt als
Grenzfeste. Der Grenzfluß
war die March (Morava), sie
gab dem Land seinen Namen.

*Fürstlicher Prunk und historische
Reminiszenzen: der Festsaal von
Schloß Kroměříž*

Am Fuß der Weißen Karpaten lag
auch das Zentrum des Großmährischen
Reiches, in *Staré Město bei Uherské
Hradiště fand man Gräber, Metall-
schmuck und Reste romanischer Kirchen. Wichtiger als die Ausgrabungs-
stätten ist für viele Böhmen und
Mähren jedoch die *Wallfahrtskirche
Velehrad (1684–1735), 7 km nordwestlich von Uherské Hradiště. Sie ist jedes
Jahr im Juli Ziel eines bunten Pilgerzu-
ges. Der Ort galt lange als die Hauptstadt des Großmährischen Reiches und
als Ausgangspunkt für die Mission der
Slawenapostel Kyrill und Method.

Wer in Mähren Wein verkosten und
kaufen möchte, hat es zunächst nicht
leicht. Nur die großen Genossenschaf-
ten wie etwa in Velké Pavlovice haben
Verkaufsstellen, die kleinen Erzeuger

*Dominantes Wahrzeichen von
Kroměříž: der Schloßturm*

6

Seite
81

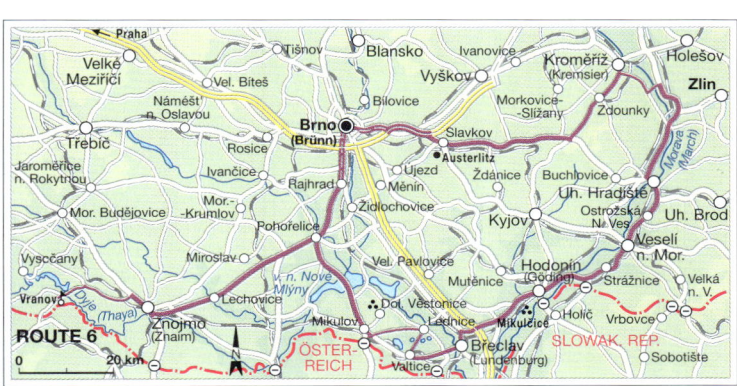

bieten ihre Produkte direkt in den Kellern an. Diese sind häufig tief in die Weinberge hineingebaut, oft ist nur der Eingang zu sehen. Da die meisten Weinbauern sich zudem erst nach Feierabend um ihre Reben kümmern können, hat ein Besuch vor 17 Uhr wenig Sinn. Dann aber wird der interessierte Gast schnell – und von allen Seiten – zu einem Glas eingeladen, denn in den Kellern fehlt eines natürlich nicht: der Platz für die Weinprobe.

In vielen Prospekten werden die *historischen Weinkeller (Plže)* in Petrov an der Hauptstraße zwischen Strážnice und Hodonín als besonders sehenswert gepriesen – und das sind sie auch. Mindestens ebenso schön sind jedoch die mit Ornamenten bemalten Winzerhäuser von *Mutěnice*. Hier bekommt man eine Vorstellung von der ehemaligen Volksarchitektur dieser Gegend, weitere Beispiele finden sich im *Freilichtmuseum* von **Strážnice** (*Straßnitz;* 6000 Einw.), 144 km.

❶ Im Freilichtmuseum, Bzenecká 671, Strážnice, ☎ (06 31) 94 28 24.

⌂ **Černý Orel,** Veselská 33, ☎ 94 21 28. Ⓢ
Flaghotel, Předměstí 3, ☎ 94 22 06. Sauna, Tennis, Disko als Treffpunkt der Stadtjugend. Ⓢ

⌂ **Skanzen,** Bzenecká 671. Volkstümliches Lokal mit typischen Gerichten der Region. Ⓢ

Etwa 10 km südlich der Kleinstadt *Hodonín,* in der 1850 der erste Präsident der Tschechoslowakei Tomáš Garrigue Masaryk geboren wurde, erreicht man in *Mikulčice* die wichtigste archäologische Ausgrabungsstätte des Landes. Seit den fünfziger Jahren wurden hier die Fundamente von zwölf Kirchen und einer altslawischen Burg freigelegt.

Über die Industriestadt *Břeclav* führt der Weg zu einem der schönsten Schlösser Mährens, nach **Valtice** (*Feldsberg;* 3400 Einw.), 194 km. Die

mit Geld und Macht bestens ausgestatteten Fürsten von Liechtenstein ließen die gotische Burg in ein *Barockschloß* umbauen. Die Architekten – unter ihnen der Wiener Johann Bernhard Fischer von Erlach – konzentrierten sich dabei auf die repräsentative Vorderfront, der vierflügelige Innenhof wirkt dagegen geradezu schlicht. Die Adelsfamilie hatte eine eigene Blaskapelle, im Schloßtheater wurden Opern aufgeführt, rauschende Feste fanden im Tanzsaal statt.

Während im Schloß von Valtice der barocke Geist des Adels seinen architektonischen Ausdruck fand, wird in der *Maria-Himmelfahrts-Kirche* eine ganz andere Zeit lebendig. Das Gotteshaus aus den Jahren 1630–1671 gehört zu den wenigen seiner Art, die hier im Stil der Renaissance errichtet wurden. Die italienischen Baumeister waren von den Werken Michelangelos inspiriert, die geplante Kuppel stürzte jedoch vor der Fertigstellung ein.

Unter Jan I. von Liechtenstein entstand in der ersten Hälfte des 19. Jhs. eine einzigartige Anlage europäischer Gartenbaukunst: Vorbei an Fischteichen, Barockschlößchen, Pavillons und einem Minarett führen Wanderwege durch den *englischen Park* von Valtice nach **Lednice.** Das dortige neogotische *Schloß,* das mit all seinen Spitzbogen, Türmchen und Zinnen viel besser nach Großbritannien passen würde, diente den Liechtensteins als romantischer Sommersitz – bis 1945, dann mußten sie sowohl Lednice als auch Valtice verlassen.

⌂ **Hubertus,** in einem Seitentrakt des Schlosses, ☎ (06 27) 9 45 37. Ⓢ
Rendez-Vouz, Střelecká 155, Valtice, ☎ 9 42 31. Neu, schön ausgestattet, mit Restaurant und Gartenterrasse. Ⓢ
△ **Apollo,** Mikulovská 540, Lednice, ☎ 9 82 56. Auch Blockhütten. Ⓢ

⌂ **Vinárna Amalia,** Zámečnická, Valtice. Gemütliches Weinlokal mit guten älteren Jahrgangsweinen. Ⓢ

6
Seite **81**

Vinárna U Templařů, im Weindorf Čejkovice, etwa 15 km nordöstlich von Lednice, Weinproben. Ⓢ

Immer wieder bietet sich in Südmähren die Möglichkeit für eine Stippvisite nach Österreich. Wer Zeit hat und in Valtice oder Mikulov hinüberfährt, wird feststellen, daß sich die Gegenden diesseits und jenseits der Grenze kaum unterscheiden. Die niederösterreichischen Weinkeller ähneln den mährischen, und auch die langgezogenen Straßendörfer finden sich hier.

Daß die Seiten große Ähnlichkeit zeigen, kann kaum verwundern. Jahrhundertelang gehörten beide zur k. u. k. Monarchie, Mikulov oder Znojmo waren wichtige Stationen auf der Reise von Wien nach Prag. Die Grenzstädte waren immer wieder Schauplätze historischer Ereignisse: 1437 starb in Znojmo Kaiser Sigismund, 1866 unterzeichnete der preußische Ministerpräsident Bismarck im Schloß von Mikulov den Friedensvertrag mit Österreich.

Die schönere der beiden Orte ist ohne Zweifel **Mikulov** (*Nikolsburg;* 7500 Einw.), 213 km. Dies hat vor allem einen Grund: Schon vor Ferne sichtbar ist die über der Stadt thronende *Burg,* die ihre mächtigen gotischen Formen trotz eines Umbaus im 18. Jh. nicht verloren hat. Kaum vorstellbar ist, daß weite Teile der Anlage lediglich eine Rekonstruktion des ehemaligen Bauwerks sind. Die Festung wurde am 22. April 1945 von flüchtenden Wehrmachtssoldaten niedergebrannt. In ihrem Innern ist eine Ausstellung über Weinbau untergebracht, bekanntestes Objekt ist ein 6,5 m langes und 4,5 m hohes Faß aus dem Jahr 1643, das 1010 hl Flüssigkeit faßt.

Mikulov war nicht nur ein Zentrum der aus der Schweiz kommenden Sekte der Wiedertäufer, hier gab es auch eine der bedeutendsten jüdischen Gemeinden des Landes. Der Landesrabbiner Mährens hatte am Ort seinen Sitz, zwischen 1553 und 1573 trug diesen Titel der Schöpfer des sagenhaften Golem,

Ein wahres Juwel ist das Barockschloß von Valtice

Das riesige Faß in Mikulov

6

Seite **81**

Auch Znojmo ist Zentrum eines Weinbaugebietes

der spätere Prager Oberrabbi Löw (s. S. 30). Die inzwischen als Museum genutzte *Synagoge* in der Husová-Gasse entstand bereits 1450. Nördlich der Burg liegt einer der größten * *jüdischen Friedhöfe* Europas, die 2500 Gräber stammen aus dem 17., 18. und 19. Jh. Die Begräbnisstätte des bedeutendsten Nikolsburger Adelsgeschlechts, der Dietrichsteins, findet sich in der *Annakirche* am Marktplatz (17. Jh.). Die erst im 18. Jh. entstandene prunkvolle barocke Westfassade entwarf Johann Bernhard Fischer von Erlach.

Am Rande der Stadt führt ein Kreuzweg auf den 363 m hohen *Svatý Kopeček,* den *Heiligen Berg.* Von dort hat man einen wundervollen Blick nach Niederösterreich und über die * *Pallauer Berge (Pavlovské vrchy).* Von Mikulov aus sollte man unbedingt einen Ausflug zu ihren spitzen Kämmen und Burgruinen unternehmen. Die bis zu 550 m messenden Höhen sind ein Naturschutzgebiet, im Frühling blühen hier Sandkraut, niedrige Schwertlilien und Pimpernußsträucher. An den Stauseen von Nové Mlýny liegt das Dorf *Dolní Věstonice.* An dem einstigen Mammutjägerplatz wurde die mehr als 25 000 Jahre alte Figur der ** „*Venus von Věstonice*" gefunden. Sie ist heute im Mährischen Landesmuseum in Brno (s. S. 37) zu bestaunen.

❶ Adonis, náměstí 32, 69201 Mikulov, ☏ (06 25) 28 55.

Ⓗ **Rohatý krokodýl,** Husová 8, ☏ 26 34. Schön gelegenes, aber einfaches Hotel im Stadtzentrum. Ⓢ

Ⓡ **Vinárna U nás doma u moravců,** 1. května 577. An der Straße Richtung Milovice, Faßweine. Ⓢ
Zámecká vinárna, ◷ ab 14 Uhr. Weinstube im Schloß. Ⓢ

Abstecher an den Thaya-Stausee

An einer guten Straßenverbindung zwischen Mikulov und * **Znojmo** (*Znaim;* 39 000 Einw.) wird noch gebaut, daher fährt man am besten über Pohořelice

(ab hier 38 km). Die vergangenen vierzig Jahre haben in der Kreisstadt an der Dyje (Thaya) mehr Spuren als in anderen Gemeinden Mährens hinterlassen. Direkt neben der * *Rotunde der hl. Katherina,* einem mit wunderschönen Fresken geschmückten romanischen Bau des 11. Jhs., wurde eine Brauerei errichtet. Am *Unteren Markt* steht an der Stelle des 1945 zerstörten Rathauses ein Einkaufszentrum. Erhalten blieb allein der 80 m hohe gotische *Rathausturm* sowie ein – zu besichtigendes – unterirdisches *Labyrinth,* das einst als Weinlager genutzt wurde. Bedeutendstes Gotteshaus ist die dreischiffige Hallenkirche *St. Niklas* (ab 1338). Ihre spätbarocke Kanzel sieht aus wie eine Erdkugel, und das Türgitter des Sakramentshauses zeigt Szenen aus der Marienlegende. Die benachbarte *Grabkapelle* hat zwei Stockwerke und wie St. Niklas ein schönes Netzrippengewölbe.

Auch rund um Znojmo wird Wein angebaut, ein bekanntes Erzeugnis der Stadt sind daneben die Znaimer Gurken. 1579 brachte ein Mönch die Pflanzen aus Ungarn mit, zunächst setzte er sie aber nur zur Heilung von Pestkranken ein. Es dauerte 50 Jahre, bis die Früchte erstmals als besondere Delikatesse serviert wurden: bei einem Festmahl für Kaiser Ferdinand II.

❶ nám. T. G. Masaryk 22, 66902 Znojmo, ☏ (06 24) 2 24 36 90.

Ⓗ **Družba,** Pražská 100, ☏ 7 56 81. Am Rand der Stadt Richtung Prag; schöner Weinkeller. Ⓢ
Pension Havelka, nám. Mikulášské 7. Kleine Pension bei St. Niklas. Ⓢ

Ⓡ **U zlatého vola,** Horní nám. Mit Sonnenterrasse, schöner Blick auf den oberen Markt. Ⓢ

Einen schöneren Platz für ihren Sitz hätte sich die Familie Althan kaum aussuchen können: 1680 übernahm das Adelsgeschlecht das inmitten tiefer Wälder hoch über der Thaya liegende ** **Schloß Vranov** *(Schloß Frain),*

22 km westlich von Znojmo. Im Dreißigjährigen Krieg war die ursprünglich gotische Burg stark zerstört worden, danach entstand nach Plänen von Johann Bernhard Fischer von Erlach eine vielgliedrige barocke Anlage. Deren wichtigsten Teil bildet die ovale, ganz mit Fresken geschmückte *Ahnenhalle*, in den Gemälden werden die Taten der Althans verherrlicht.

Die beiden Kolossalstatuen im Ehrenhof schenkte Kaiser Karl VI. seiner Geliebten Maria Anna Althan, ursprünglich waren die kämpfenden Helden allerdings für die Wiener Reichskanzlei bestimmt gewesen.

In Vranov wurde 1799 eine Keramikfabrik gegründet, ihre Erzeugnisse, das sogenannte Frainer Wedgwood, werden im Schloß ausgestellt. Beliebtes Naherholungsgebiet ist der 30 km lange *Thaya-Stausee*. Über Znojmo führt der Weg zurück nach *Brno* (262 km; s. S. 34).

Mährische Trachten sind besonders fein gearbeitet

Mährische Folklore

Ist Folklore mehr als künstlich bewahrtes Brauchtum längst vergangener Zeiten? Legen die jungen mährischen Frauen und Männer ihre aufwendigen Trachten nur für die Touristen aus den Großstädten an? Oder steckt mehr hinter all den festlichen Bräuchen, zu Erntedankfest, zu Fasching und Weihnachten? Diese Fragen stellen sich all jene, die das Glück haben, am traditionellen Pfingstkönigsritt in Hluk bei Uherské Hradiště oder am Umzug des Faschings-Strohbären in der mährischen Walachei teilnehmen zu können.

Eine Antwort lautet: Das mährisch-slowakische Grenzgebiet ist nur wenig industrialisiert und noch immer dörflich strukturiert. Daher hat sich das Brauchtum hier viel stärker gehalten als in der übrigen Republik. In der Zeit des Kommunismus, aber auch während der vorhergehenden Jahrhunderte

der Fremdherrschaft, hatten regionale Bräuche zudem die Aufgabe, nationale kulturelle Traditionen zu erhalten. Bei der Beschäftigung mit Folklore vergewisserten sich die Menschen der Geschichte ihres Landes. Die politische Diskussion war gefährlich oder gar verboten, also gründete man Volkstanzgruppen. Selbst die Bewohner der Städte begannen, sich Trachten zu nähen.

Andererseits wurde das Volkstümliche aber auch mißbraucht. Die Kommunistische Partei stellte gewaltige Summen für die verschiedensten Ensembles zur Verfügung, heimische Klänge sollte ein Gegengewicht zum „dekadenten westlichen" Rock und Pop schaffen. Das wichtigste Folklorefestival findet seit dieser Zeit jährlich im Juli in Strážnice statt, zu einem zweiten bekannten Zentrum entwickelte sich Kyjov.

Seite 81

6

Route 7

Der kleinste Teil der Republik: Mährisch-Schlesien

**Brno – **Olomouc (Olmütz) – Rožnov pod Radhoštěm (Roschnau) – Nový Jičín (Neutitschein) – *Opava (Troppau) – Jeseník (Freiwaldau) (345 km)

In vielen Liedern werden sie besungen: die Mährisch-Schlesischen Beskiden, jener von dichten Nadelwäldern bedeckte Gebirgszug, der einen Abschnitt der Grenze zwischen Mähren und der Slowakei bildet. Der slawische Fruchtbarkeitsgott Radegast soll hier seinen Sitz gehabt haben, ein Denkmal auf dem Berg Radhošt erinnert daran. Überhaupt hat sich in Valašsko, der mährischen Walachei, vieles aus längst vergangenen Zeiten erhalten, wofür man auch einiges getan hat. Jedes Jahr im Juli findet in Rožnov ein großes Folklorefest statt, am Fuß des Berges entstand eines der größten Freilichtmuseen Mitteleuropas. Rathaus, Gaststätte und Kirche eines walachischen Städtchens wurden hier rekonstruiert, und auf den Feldern wachsen Früchte, die anderstwo schon lange nicht mehr vorkommen. Vielleicht ist es aber auch kein Zufall, daß dieses Museum in einer Gegend eingerichtet wurde, die seit zwei Jahrhunderten unter der Industrialisierung leidet. Nur rund 50 km nördlich liegt Ostrava, Zentrum einer großen Kohle- und Stahlagglomeration, die bis weit ins polnische Schlesien reicht.

Seit Mitte des 18. Jhs. wird hier das „schwarze Gold" abgebaut, für die Kommunistische Partei des Landes waren die Kumpel aus Nordmähren die Vorhut der Arbeiterklasse. Überdurchschittlich hoch waren ihre Gehälter, um so tiefer dann jedoch der Fall nach der „Samtenen Revolution". Seit mehr als fünf Jahren sucht das einst wichtigste Industriegebiet des Landes nun schon seine Zukunft. Für diese Reise in den Nordosten des Landes, die im friedlichen Altvatergebirge endet, sollte man sich drei bis vier Tage Zeit nehmen.

Nördlich von *Brno* liegt das Kalksteingebiet ****Mährischer Karst** *(Moravský kras)*. Hier stößt man auf bizarre Landschaftsformen: Im Verlauf von Jahrtausenden hat Wasser das leicht lösliche Gestein an zahlreichen Stellen ausgewaschen. Ein guter Startpunkt für Erkundungstouren ist die Stadt **Blansko,** 22 km. Von dort führen kleine Landstraßen durch das Tal der *Punkva*. Der tiefste Abgrund des Karstes heißt *Macocha* („Stiefmutter"): 138 m liegen zwischen der *Oberen Gloriette*, einer Aussichtsplattform, und dem Fluß.

Mit einem Boot kann man vom Punkvatal aus das weitverzweigte System der Tropfsteinhöhlen besuchen, insgesamt sollen es mehrere hundert sein. Am bekanntesten sind die *Katharinen-Höhle* mit einem dichten Wald hauchdünner Stalagmiten und natürlich die *Punkva-Grotten* selbst. Hier hat die durchsickernde Flüssigkeit zwei märchenhafte Dome entstehen lassen (🕔 April bis Sept. 7.30–15.30 Uhr, Okt. bis März 7.30–14.30 Uhr). Rund 35 km lang ist die Strecke durch die Karstlandschaft, über die Gemeinde **Rájec-Jestřebí** erreicht man anschließend die Hauptstraße nach Prostejov.

❶ **Čedok,** Smetanovo nám. 3, 79211 Blansko, ☎ (05 06) 22 17, 🖷 28 48.

🏠 🏠 **Skalní Mlýn,** ☎ (05 06) 60 41. Direkt an der „Einfahrt" in den Mährischen Karst, fünf Autominuten von Blansko entfernt. Ⓢ

△ **Olšovec,** Jedovnice, ☎ 9 31 34. An einem kleinen See an der Straße 379 Richtung Vyškov. Ⓢ

7

Seite **87**

ⓡ **Zámecká restaurace U kata,** Zámek 1, Rájec-Jestřebí. Restaurant bei einem sehenswerten Rokokoschloß. Ⓢ

** Olomouc (Olmütz)

Die Stadt war eines der Zentren des Großmährischen Reiches und einer der ältesten Přemyslidensitze. Hier wurde 1306 Václav III. ermordet und 1469 der Ungar Matthias Corvinus zum böhmischen König ausgerufen. Hier mußten die Hussitenheere erfolglos abziehen, nur den Schweden gelang es, die kaisertreue Stadt im Dreißigjährigen Krieg einzunehmen – als Folge verlor der Ort seinen Status als mährische Hauptstadt an Brno. Danach aber machte Maria Theresia Olomouc zu einer der modernsten Barockfestungen ihres Rei-

Die Höhlen im Märkischen Karst sind reich an bizarren Formen

7

Seite 87

ches. 1848, während der Wiener Märzrevolution, floh die kaiserliche Familie hierher, Kaiser Ferdinand I. verzichtete zugunsten seines Neffen Franz Joseph auf den Thron. Das Erbe der Österreicher wirkt bis heute fort: Nach Prag ist Olomouc (106 000 Einw.) die kunsthistorisch bedeutendste Stadt der Tschechischen Republik.

In einem Bogen der March hatten die Přemysliden im 11.–12. Jh. eine *Burg* und eine Kirche errichten lassen. Doch während die romanische St.-Wenzels-Basilika in den folgenden Jahrhunderten zu einem prachtvollen gotischen *Dom erweitert wurde, verlor der Palast an Bedeutung, er wurde schließlich als Schule und Bibliothek genutzt.

Vom ursprünglichen Gebäude erhalten sind heute nur noch Reste, wie z. B. ein runder Bergfried im Nordwesten des Komplexes. Bei der neogotischen Umgestaltung des Sakralbaus in der zweiten Hälfte des 19. Jhs. entdeckte man in der Sakristei mehrere aus dem 12. Jh. stammende *Fenster:* Sie sind einige der wenigen erhaltenen Beispiele für die romanische Kunst in Mähren. Im Inneren des Gotteshauses sollte man sich vor allem die Krypta mit dem *Domschatz* anschauen. Sein wertvollster Teil ist die mit 400 Diamanten besetzte Schratenbach-Monstranz.

Im ganzen Habsburgerreich gibt es wohl kaum eine Stadt ohne * *Dreifaltigkeitssäule.* Nach den großen Pestepidemien des 17. und 18. Jhs. wollten der Kaiser, aber auch Bürger und Adel ihren Dank abstatten – dafür, daß sie noch einmal verschont geblieben waren. Das bedeutendste dieser Monumente steht – wie könnte es anders sein – in Wien, doch das Exemplar am * *Oberen Ring* (Horní nám.) von Olomouc (1754) steht ihm kaum nach: Immerhin 18 Barockstatuen umgeben das Kunstwerk, 35 m beträgt seine Höhe, der Sockel umschließt eine kleine Kapelle. Ganz oben triumphiert Gottvater.

Die von den Tschechen stolz als „höchste Dreifaltigkeit Europas" bezeich-

nete Barockkomposition ist ein beliebter Treffpunkt der Olomoucer, und damit auch so etwas wie das Zentrum der Stadt. Man verabredet sich zu einem Espresso mit Becherovka im „Café Mahler" oder zu einem der unzähligen Konzerte, die in der *Mährischen Philharmonie* stattfinden. Das Café trägt seinen Namen nach dem Komponisten und Dirigenten Gustav Mahler, der hier ab 1833 als Kapellmeister arbeitete. Die beiden wichtigsten kulturellen Ereignisse der Stadt sind der Olomoucer Frühling (Anfang Juni) und das Internationale Orgelfestival (Ende August).

Von der Dreifaltigkeitssäule aus hat man einen schönen Blick auf das * *Rathaus* (1378) und seinen 70 m hohen Turm. Zur gleichen Zeit wie das Altstädter Rathaus in Prag erhielt auch Olomouc eine Astronomische Uhr (1420–1422). Uhrzeit, Mondstand und Tierkreissternbilder können auf insgesamt acht Scheiben abgelesen werden. Berühmt sind auch die *Barockbrunnen:* Am Oberen Ring stehen Cäsar- und Herkulesbrunnen, am *Unteren Ring* (Dolní nám.) dann der Neptun- und der Jupiterbrunnen. Schönstes Haus an diesem Platz ist das *Haunschildpalais* mit seinem reich verzierten Renaissanceerker. 1767 wohnte hier der Salzburger Kapellmeister Leopold Mozart mit seiner Familie. Der elfjährige Wolfgang Amadeus kurierte derweil in der Domdekanei zu Olomouc eine Pockenkrankheit aus – und schrieb die sechste Symphonie in F-Dur.

Vom Oberen Ring führen zwei der schönsten Gassen der Stadt, die Michalská und die Školní zur * St.-Michaels-Kirche. Mit ihren drei achteckigen Barockkuppeln ist das ursprünglich gotische Gotteshaus kaum zu übersehen. Eine stilreine Barockkirche steht am Náměstí Republiky: * *Maria Schnee* ließen zwischen 1712 und 1719 die Jesuiten bauen. Auf dem kleinen Platz der Republik endet auch die be-

*Die Astronomische Uhr
von Olomouc*

lebteste Straße der Stadt, die *Denisova*. Durch die Křižový-Gasse erreicht man die wichtigsten Gebäude der 1946 neugegründeten *Palacký-Universität*. Eine Hochschule hatte es in der mährischen Hauptstadt zwar schon im 16. Jh. gegeben, diese war 1778 aber nach Brno verlegt worden. Selbst Maria Theresia konnte nicht verhindern, daß die von ihr so geschätzte Stadt weiter an Bedeutung verlor.

ℹ Rooseveltova 56, 77103 Olomouc, ☎ (0 68) 5 43 10 29, 🖷 5 22 44 31.

🏠 Zlatý lev, tř. 1. maje 18, ☎ 2 22 81. Direkt im Zentrum beim Dom. $⑤⟩
Flora, Krapkova 34, ☎ 41 20 21. Bei den städtischen Parkanlagen, zehn Minuten zu Fuß bis ins Zentrum. $⑤
Schloßhotel Chudobín, ☎ 5 44 11 65. Kleines Empireschloß nahe Olomouc, vielfältiges Freizeitangebot. $⑤

🏠 Vinarna U Trojice, Horní nám. Weinstube direkt am Hauptplatz. $⑤
Michalský výpad, Blažejské nám. 10. Gute tschechische Küche. $⑤
Vegetka, Dolní nám. 36. Vegetarisches Restaurant. $⑤

Südlich von Olomouc liegt die 30 km breite *Haná-Ebene*. Ihr fruchtbarer Lößboden und das günstige Klima machen sie zu einem wichtigen Anbaugebiet für Weizen und Braugerste. Das gleiche gilt für das sich im Nordosten anschließende Beskidenvorland, der Name *Kuhländchen* erinnert daran, daß einst deutsche Siedler auf den saftigen Wiesen eine erfolgreiche Rinderzucht betrieben.

Ausflug in die *Beskiden

Wichtigste Ferienorte der *Beskiden sind *Rožnov* und *Frenštát pod Radhoštěm*. Auf die zwischen 1000 und 1300 m hohen Bergen führen zahlreiche Skilifte. Weite Teile des Gebirges, das vom großen Tourismus erst langsam entdeckt wird, stehen unter Naturschutz. Hauptanziehungspunkt ist das *Freilichtmuseum* in **Rožnov pod Radhoštěm** (*Roschnau;* 17 000 Einw.; 15 km

ab Valašské Meziříčí), in dem man unendlich viel über die Lebensformen im Mähren der vergangenen zwei Jahrhunderte erfährt. Über 80 verschiedene Häuser und Hütten werden hier gezeigt, ab und zu finden inmitten der historischen Kulisse auch Volksfeste statt.

ℹ Čedok, 75661 Rožnov, ☎ 🖷 (06 51) 5 48 18.

🏠 Vlčina, Frenštát-Horečky, ☎ (06 56) 5 53 51. Gut ausgestattetes Ferienhotel. $⑤
Sporthotel, Frenštát, ☎ (06 56) 51 20. Mit Sportzentrum. $⑤
△ Radhošt', Frenštát, ☎ (06 56) 5 95 13. $⑤

🏠 In den Beskiden ißt man am besten in den zahlreichen Hotels.

Ein zweites, ganz anderes Museum der Volkskunde gibt es im nur wenige Kilomter entfernten **Nový Jičín** (*Neutitschein;* 29 000 Einw.), 187 km. In der Stadt war 1799 die Hückelsche Hutfabrik gegründet worden, die sich im 19. Jh. zu einem der größten Hersteller entwickelte. 1949 wurde im städtischen *Schloß* ein *Hutmuseum* eingerichtet. Wer die Kopfbedeckung Masaryks sehen möchte, hier kann er es.

Unter den schlesischen Kriegen Maria Theresias litten die Ideologen der Kommunistischen Partei der Tschechoslowakei noch 1989. In einem nur wenige Monate vor der Revolution fertiggestellten Reiseführer über

★ Opava (*Troppau;* 63 000 Einwohner), 231 km, klagen sie über die „Rückständigkeit der örtlichen Arbeiter". Da die Stadt durch die Teilung Schlesiens einen bedeutenden Teil ihres wirtschaftlich prosperierenden Hinterlandes verlor, hätte sich sowohl National- als auch Klassenbewußtsein nur langsam entwickelt. Tatsächlich hatte es die tschechische Bewegung der „nationalen Wiedergeburt" in Opava nicht einfach, denn die Hauptstadt von Österreichisch-Schlesien war früher überwiegend von Deutschen be-

7

Seite **87**

wohnt. Bereits im 12. Jh. ließen sich hier Kaufleute aus dem Donauraum und aus Niedersachsen nieder; nach dem Münchner Vertrag von 1938 wurde Troppau zum Zentrum eines der drei Regierungsbezirke des Sudetenlandes.

Entstanden war die Stadt an der Oppa im 10. Jh. als Raststätte der Kaufleute, die auf der Bernsteinstraße von der Adria an die Ostsee zogen. Ihr Stapelplatz befand sich beim *Schmetterhaus*, dem *Alten Rathaus* am *Oberen Ring* (Horní nám.). Von dem ursprünglich gotischen Gebäude ist heute jedoch nur wenig erhalten, mehrere Feuer zerstörten die Altstadt immer wieder.

Am verheerendsten war der letzte große Brand – kurz vor Ende des Zweiten Weltkrieges wurden 880 Häuser ganz und 3400 weitere teilweise zerstört. Das historische Zentrum wurde jedoch wieder aufgebaut, heute stehen hier immerhin 70 Objekte unter Denkmalschutz. Das urbane Leben spielt sich vor allem um den *Hláska* ab. Der

Im Freilichtmuseum von Rožnov pod Radhoštěm werden historische Instrumente vorgeführt

Souveränes Mähren?

Die „Samtene Revolution" war kaum vorbei, da entstand in Mähren eine Partei, die sich für die Selbstverwaltung des Landesteils aussprach und bei deren Versammlungen auch immer wieder der das mährische Wappen, ein roter Adler auf weißem Grund, auftauchte.

So ernst wie die Slowaken meinten es die Menschen im Osten der Tschechischen Republik freilich nie. Eigentlich ging es ihnen wohl eher darum, den Pragern zu zeigen, daß es sie auch noch gibt. Zu recht thematisierte die Partei die Krise der mährischen Schwerindustrie, schließlich war die Arbeitslosenquote im äußersten Nordosten der Republik mit zehn Prozent die höchste des Landes. Bei den ersten freien Wahlen 1990 eroberten die mährischen Patrioten so einige Sitze, wenige Jahre später konzentrierten sie sich dann jedoch vor allem auf innerparteiliche (Ver-)Teilungskämpfe.

Ganz verstummt sind ihre Forderungen aber auch heute nicht. Bei der Diskussion über die kommunale Selbstverwaltung forderten viele Mähren eine Zweiteilung der Republik. Das Land sollte nicht in viele einzelne Bezirke, sondern in zwei „Bundesländer" gegliedert werden, ein Bestreben, das von der zentralistischen Regierungspartei des Premiers Václav Klaus jedoch stets zurückgewiesen wurde. Mit dem Dualismus zweier Länder hatte man in der Föderation der Tschechen und Slowaken schlechte Erfahrungen gemacht, ein Kompetenzstreit zwischen Böhmen und Mähren sollte auf alle Fälle vermieden werden.

7

Seite 87

72 m hohe Stadtturm wurde 1618 errichtet. Gegenüber stehen das *Stadttheater* und die *Propsteikirche.* Letztere wurde – ungewöhnlich für das Land – im Stil der norddeutschen Backsteingotik errichtet. Aufmerksamkeit erregt das Gotteshaus aber noch aus einem anderen Grund: Ein Turm blieb unvollendet, der zweite trägt einen barocken Helm.

Zweiter wichtiger Handelsplatz der Stadt war und ist die heutige Masarykstraße, hier steht auch das ehemalige *Jesuitenkolleg,* in dem einst der Schlesische Landtag tagte. Etwas weiter findet man das *Minoritenkloster,* das vor allem durch eine von Metternich 1820 einberufene Konferenz der Heiligen Allianz bekannt geworden ist. Ziel der europäischen Fürsten war es, die italienische Revolution möglichst schnell unter Kontrolle zu bekommen – was von den erwähnten kommunistischen Reiseschriftstellern kritisch vermerkt wird (s. S. 90).

ⓘ **Čedok,** Horní nám., 74660 Opava, ☎ 📠 (06 53) 21 48 84.

🏨 **Koruna,** nám. Republiky 17, ☎ 21 69 15. Neu errichtetes Hotel im Zentrum der Stadt. Ⓢ
Park, Městské Sady, ☎ 21 37 45. Kleines Hotel beim Stadtpark. Ⓢ

🍴 **Slezanka,** Horní nám. Mährischschlesische Küche am Hauptplatz. ⓈⒹ
Slovácká vinárna, Olomoucká 25. Weinstube, in der es Weine aus der mährischen Slowakei gibt. ⓈⒹ

Wer Touristenrummel scheut, sollte ins *★Altvatergebirge (Jeseníky)* fahren, zumal dieser östliche Abschnitt der Sudeten nur wenig niedriger und ebenso schön ist wie das Riesengebirge (s. S. 67 f.). Der felsige Hauptkamm erreicht eine Höhe von 1000–1400 m, höchste Erhebung ist mit 1492 m der *Praděd,* der Altvater. Bekannt ist die Region jedoch nicht nur für ihre stillen Täler, sondern auch für die Torfmoore der Hochebenen. Der *Große* und der *Kleine Moorsee* liegen etwa 7 km

östlich von **Jeseník** (*Freiwaldau;* 14 000 Einw.), 345 km, dem wichtigsten Ferienort der Region. Er war auch die Heimat von Vinzenz Prießnitz, dem „Erfinder" der Kaltwasserkuren. 1826 gründete der Landwirt im benachbarten **Lázně Jeseník** eine Heilanstalt.

ⓘ **Čedok,** Masarykovo nám. 159, 79029 Jeseník, ☎ (06 45) 20 67, 📠 22 47.

🏨 **Kurhotel Priessnitz**, Jeseník. Modern eingerichtetes historisches Kurhaus am Stadtrand, über Čedok (s. o.) buchen. Ⓢ
Morava, Puškinova 288, Jeseník, ☎ (06 45) 28 33. Im Stadtzentrum mit Weinstube und Terrasse. Ⓢ
Štodt, Langrová 9, Šumperk, ☎ (06 49) 61 10. Kleines Hotel in Zentrumsnähe. Ⓢ
⚠ **Lipová,** Lipová Lázně, ☎ (06 45) 27 45.

🍴 Auch im Altvatergebirge ißt man am besten in den Hotelrestaurants.

Wendezeit

„Wir werden zehn Jahre brauchen, um die Marktwirtschaft einzuführen", so urteilten viele Tschechen kurz nach der Wende 1989. Inzwischen hat sich diese Einschätzung als durchaus wahrscheinlich erwiesen. Erst 1995 erhielt ein ausländisches Unternehmen den Auftrag, das Telefonsystem des Landes zu modernisieren – auf der anderen Seite aber haben inzwischen bereits eine ganze Reihe nach der Revolution gegründeter Privatunternehmen Pleite gemacht. Alles ist im Wandel, und so können sich auch die Qualität der im Buch angeführten Restaurants sowie Telefonnummern und Öffnungszeiten kurzfristig ändern. Das ist natürlich ärgerlich – aber auch ein bißchen erfreulich. Denn meistens heißt Veränderung auch Verbesserung.

Praktische Hinweise von A–Z

Faschismus (8. Mai); Tag der Slawenapostel Kyrill und Method (5. Juli); Todestag von Jan Hus (6. Juli); Tag der Gründung der Tschechoslowakei (28. Okt.); Weihnachten (24.–26. Dez.; Heiligabend sind die Geschäfte wie auch an Silvester bis Mittag geöffnet).

Ärztliche Versorgung

In der Tschechischen Republik müssen ausländische Besucher alle Behandlungen bar bezahlen. Der Abschluß einer Auslandsreisekrankenversicherung ist daher zu empfehlen. Apotheken *(lékárna)* führen inzwischen auch ausländische Medikamente (◷ Mo–Fr 8–18 Uhr, Sa 8–12 Uhr). Es existiert ein Bereitschaftsdienst.

Behinderte

Es gibt zur Zeit nur wenige Hotels, die behindertengerecht ausgestattet sind. Dies betrifft auch öffentliche Verkehrsmittel: Für Rollstuhlfahrer gibt es z. B. in der Prager Metro keine Aufzüge.

Diplomatische Vertretungen

Botschaft der Bundesrepublik Deutschland: Vlašská 19, Praha 1, Malá Strana, ☏ (02) 24 51 03 23.
Botschaft der Republik Österreich: Victora Hugo 10, Praha-Smíchov, ☏ (02) 24 51 16 77.
Botschaft der Schweiz: Pevnostní 7, Praha 6, ☏ (02) 24 31 12 28.

Ein- und Ausreise

Touristen aus Deutschland, Österreich und der Schweiz benötigen für die Einreise kein Visum. Deutsche benötigen einen Personalausweis, Schweizer und Österreicher einen Reisepaß. Kinder, die nicht in den Paß ihrer Eltern eingetragen sind, benötigen einen Kinderpaß.

Feiertage

Neujahr (1. Jan.); Ostermontag; Tag der Arbeit (1. Mai); Tag der Befreiung vom

Geld und Devisenbestimmungen

Währungseinheit ist die tschechische Krone (koruna), abgekürzt KČ. Eine Krone sind 100 Heller (háliř). Der Wechselkurs ist seit einigen Jahren stabil, für 1 DM erhält man 17 Kronen. Eurocheques und Kreditkarten werden in Banken, Hotels sowie auch vielen Restaurants und Geschäften akzeptiert. In größeren Städten gibt es inzwischen Geldautomaten, bei denen man mit Kreditkarten (nicht mit ec-Karten) tschechische Kronen abheben kann.

Seit dem 1. Oktober 1995 ist die Tschechische Krone konvertierbar, d. h. Kronen dürfen nun in unbegrenztem Umfang in die Tschechische Republik ein- und aus ihr ausgeführt werden. Allerdings sind die Wechselkurse in Deutschland, Österreich und der Schweiz ungünstiger als dort.

Wechselstuben und Banken haben in der Tschechischen Republik stark voneinander abweichende Gebühren, die oft nicht kenntlich gemacht werden. In der Regel sind die Bedingungen in den Banken am besten. In größeren Städten gibt es immer noch Schwarzwechsler, die einen besseren Kurs bieten. Hier zu tauschen ist natürlich verboten, außerdem wird der Unkundige dabei auch oft übers Ohr gehauen.

Haustiere

Voraussetzung für die Mitnahme ist ein aktuelles tierärztliches Gesundheitszeugnis und der Nachweis über eine erfolgte Tollwutimpfung.

Information

Größtes tschechisches Reisebüro ist nach wie vor Čedok. Vertretungen gibt es in allen tschechischen Städten sowie in Frankfurt/Main, Berlin, Augsburg, Wien und Zürich (s. S. 22).

Auskünfte erteilt auch das *Tschechische Zentrum für Tourismus,* Staroměstské nám. 6, Praha-Staré Město, ☎ (02) 2 31 28 39. Vertretung in Deutschland: Leipziger Straße 60, D-10117 Berlin, ☎ (0 30) 2 04 47 70.

Medien

Internationale Zeitungen gibt es in allen größeren Städten, an Kiosken oder in internationalen Hotels. In Prag erscheint je eine deutsch- und eine englischsprachige Zeitung, vor allem letztere bringt ausführliche Veranstaltungshinweise. Deutsche Fernsehprogramme werden in den großen Hotels über Satellit empfangen.

Netzspannung

220 Volt Wechselstrom. Adapter sind nicht nötig.

Notruf

Erste Hilfe: ☎ 1 55; Polizei: ☎ 1 58; Feuerwehr: ☎ 1 50; Unfalldienst: ☎ 1 54; ADAC-Stützpunkt (ganzjährig): ☎ (02) 2 36 88 82.

Öffnungszeiten

Museen und Galerien: meist ganzjährig tgl. außer Mo 10–17 bzw. 18 Uhr. *Schlösser und Burgen:* in der Regel 1. Mai bis 30. Sept. tgl. außer Mo bzw. an Tagen, die einem Feiertag folgen, 9–12 und 13–17 Uhr; April bis Okt. nur Sa und So. *Lebensmittel:* Mo–Fr 6–18, Sa bis 12 Uhr. *Sonstige Geschäfte:* Mo–Fr 9–18, Sa bis 12 Uhr. *Postämter:* Mo–Fr 8–18 Uhr, in kleineren Orten bis 13 Uhr, Sa bis 12 Uhr. *Banken:* Mo bis Fr 9–11 und 14–16 Uhr. *Reisebüros:* Mo–Fr 8–17 bzw. 9–18 Uhr, in größeren Städten auch Sa vormittags.

Post und Telefon

Die Kennfarbe der Post (pošta) ist orange. Postkarten in alle europäischen Länder kosten 5 Kronen, Briefe 8 Kronen. Es gibt Münz- und Kartentelefone, Telefonkarten erhält man auf Postämtern, bei vielen Zeitungskiosken und in Wechselstuben. Ein Ortsgespräch kostet 2 Kronen.

Die Vorwahl für Deutschland ist 00 49, für Österreich 00 43, für die Schweiz 00 41. Die Vorwahl für die Tschechische Republik ist 00 42.

Souvenirs

Böhmisches Glas, böhmisches Porzellan und böhmischer Granatschmuck haben auch im Westen einen Ruf und sind die beliebtesten Mitbringsel. Seit 1989 gibt es viele Antiquitätenläden, vor dem Erwerb alter Stücke sollte man sich jedoch über die Zollbestimmungen informieren.

Preiswert und gut sind CDs und Schallplatten aus tschechischer Produktion. Viel gekauft werden Prager Schinken, Karlsbader Oblaten und der Karlsbader Kräuterlikör Becherovka. Vor Ostern kann man im ganzen Land bunt bemalte Eier erstehen.

Trinkgeld

In Restaurants und bei Taxifahrten sind etwa 10 Prozent üblich; Fremdenführer freuen sich über eine entsprechende Anerkennung.

Zollbestimmungen

Bei jedem Zollamt an der Grenze bekommt man ein Verzeichnis der Gegenstände, für die besondere Regelungen bestehen.

Geschenke können bis zu einem Gesamtwert von 3000 KČ zollfrei eingeführt und unbegrenzt ausgeführt werden. Zollfrei sind bei der Einfuhr auch 200 Zigaretten sowie 1 l Spirituosen oder 2 l Wein. Die Ausfuhr ist zwar unbegrenzt möglich, allerdings ist auch nach Deutschland die Einfuhr von Tabak und Spirituosen begrenzt (4 l Wein, 1 l Spirituosen, 250 g Tabakwaren).

Register

REGISTER